変体仮名一覧

※現在のひらかなと同じ字母のものは原則として省略した。かなの掲出は順不同。

《ひらがな》

- あ：阿
- い：以
- え：衣
- お：於
- か：可
- き：幾
- く：久
- け：計
- こ：古
- さ：散
- し：志
- す：春
- せ：勢
- そ：楚
- た：多
- ち：地
- つ：徒
- て：天
- と：登
- な：那
- に：耳
- ぬ：怒
- ね：祢
- の：乃
- は：八
- ひ：悲
- ふ：不
- ほ：保
- ま：末
- み：見
- む：武
- め：免
- も：毛
- や：屋
- ゆ：遊
- よ：与
- ら：良
- り：利
- る：留
- れ：禮
- ろ：路
- わ：和
- ゐ：為
- ゑ：恵
- を：越
- ん：无

《その他》
- 歟：与
- コト：事
- トキ：時
- トモ：共
- ヨリ：従
- 分：分

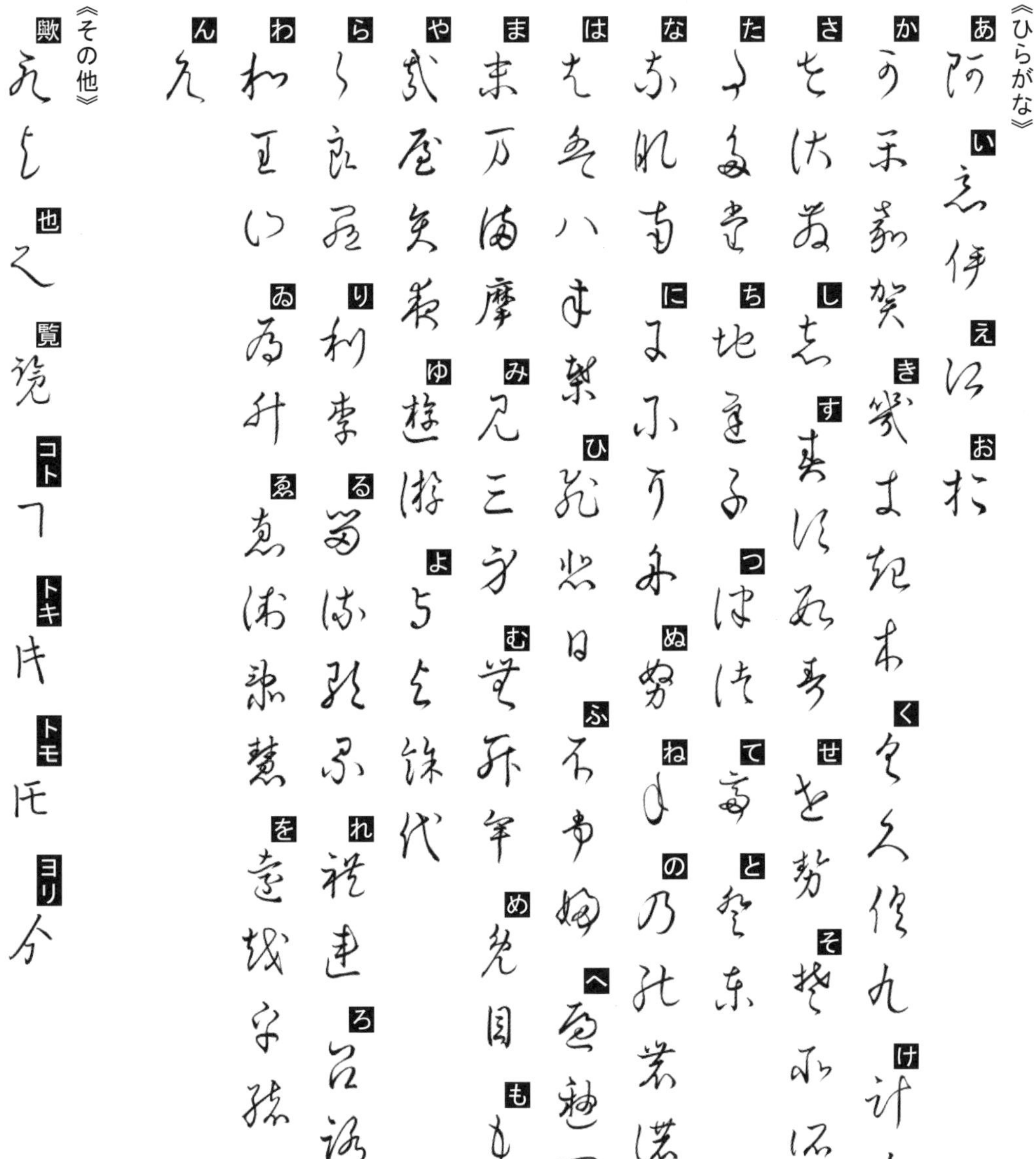

目次

◆掲載されている典籍は、埼玉大学・大学院・人文社会科学研究科・武井研究室所蔵、および、武井所蔵のものです。

◆埼玉大学所蔵の典籍に関しては、請求番号・登録番号を［　］に入れて示しておきました。

◆掲載されている典籍は、すべて、『国書総目録』『古典籍総合目録』に未掲載の伝本です。

◆図版に関する設問は、発展的課題としても利用出来ます。

◆難読と思われる文字（主に漢字）は、《ヒント》として頁ごとに示してあります。釈文作成の参考にして下さい。

所収典籍略解題

1短冊①〔庭田重保〕

三点とも武井蔵。非軸装。記載されている和歌の典拠は未調。歌会へ提出したものと思われる。

2短冊②〔十市遠忠〕

三点とも武井蔵。第一・三の短冊は非軸装、第二の短冊のみ軸装。遠忠の家集には第三番目の短冊の一首目の歌が、『新編国歌大観ＣＤ－ＲＯＭ版』遠忠Ⅶ・四三四に見え、天文八年（一五三九）の詠と知られる。

3十市遠忠（自筆）春日社詠三十首和歌

武井蔵。巻子装一軸。新出資料。十市遠忠自筆。『（臨川書店）日本書古書目録』第八九号（二〇〇九・一二）に掲出された。天文三年（一五三三）詠。草稿段階のものが、尊経閣文庫蔵『詠草中書』〔什上・六五〕に見られる。

4伝足利義尚公詠草

埼玉大学蔵〔九一一・一：Ａ・二〇九八〇〇一八九〕。江戸初期写。列帖装一帖。新出資料。孤本か。平成二一年度に一誠堂書店より購入。末尾に「愚点十首」とある通り十首に合点がかけられる。ただし表紙にあるように、兼良点か否か不明。義尚詠であるかどうかも不明。『研究と資料』第六二輯に翻刻あり。

5菅原道真仮託天神百首

埼玉大学蔵〔九一一・一：Ｔｅ・二〇五八〇二七六七〕。慶長元和頃写か。列帖装一帖。平成一七年度に古典籍展観大入札会にて購入。道真に仮託された百首は、甲～己類までの六種が知られるが（武井『中世和歌の文献学的研究』）、この百首は、丙類に分類出来る。

6百人一首①〔寛文元年写〕

埼玉大学蔵〔九一一・一：Ｈ・二〇八八〇四一八七〕。列帖装一帖。平成二〇年度に思文閣より購入。奥書に「寛文元年《（一六六一）》／三月日／源資晴」とあり、この折の書写と思われる。

7百人一首②〔元禄一五年写〕

埼玉大学蔵〔九一一・一：Ｈ・二〇八八〇一八一五〕。列帖装一帖。平成二〇年度に潮音堂より購入。奥書に「右百人一首者臨池之／序令染翰了／元禄十五《（一七〇二）》壬午年三月日／沙門（花押）」とあり、この折の書写と思われる。

8十八番歌合　文明十七年三月二十四日

埼玉大学蔵〔九一一・一：Ａ・二二〇八〇一一五三〕。室町後期写。巻子装一軸。平成二二年度思文閣より購入。孤本。第一紙を闕き、第一番が失われている。新出資料。文明一七年（一四八五）大館尚氏興行。題は見山花、花随風、寄花恋の三題。『研究と資料』第六四輯に翻刻あり。

9藤河の記

武井蔵。江戸末期写。袋綴装一冊。『南都百首』と合写。応仁の乱の折興福寺に疎開していた兼良が、文明五年（一四七三）美濃守護代斎藤妙椿の招請を受けて、美濃国に出立した時の紀行文。新日本古典文学大系他所収。

10古今集秘抄

武井蔵、江戸後期写。埼玉大学蔵〔九一一・一：Ｉ・二〇七八〇一八〇五〕、江戸前期写。ともに袋綴装一冊。文明八年（一四七六）成立の『古今集童蒙抄』を改稿したもの。武井『一条兼良の書誌的研究』に翻刻あり。

11一条兼良（自筆）伊勢物語愚見抄

武井蔵。袋綴装一冊。新出資料。一条兼良自筆。『伊勢物語愚見抄』には、初稿本と再稿本とが知られる。本書は初稿本系統。冷泉家時雨亭文庫に再稿本の兼良自筆本が所蔵されるが（下巻のみ）、初稿本の兼良自筆本は本書のみ。

12梁塵愚案抄

武井蔵。江戸初期写。斑山文庫（高野辰之）旧蔵。袋綴装二冊。神楽・催馬楽の最古の注釈書。続群書類従一九輯上他所収。

13女官飾抄

武井蔵。弘化二年（一八四五）写。袋綴装一冊。女房の装束に関する有職故実書。衣色秘抄とも。群書類従装束所収。

14伝兼良筆後撰集切・伝遠忠筆連歌切

いずれも武井蔵。「伝兼良」「伝遠忠」と記載しておいたが、筆跡よりともに自筆と断ぜられる。「2短冊②〔十市遠忠〕」「11兼良自筆伊勢物語愚見抄」参照。

15烏丸亜相口伝

埼玉大学蔵〔九一一・一：Ｋａ・九〇〇五一一二九〕。江戸中期写。袋綴装一冊。平成二年度に大阪心斎橋中尾書店より購入。「烏丸資慶卿和歌式目二十五ヶ條」を合写する。『日本歌学大系』第六巻に翻刻あり。

§1・入門編（短冊①〔庭田重保〕）

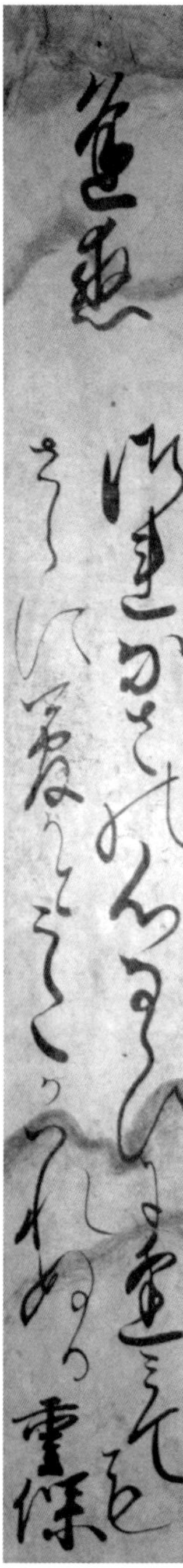

【釈文】

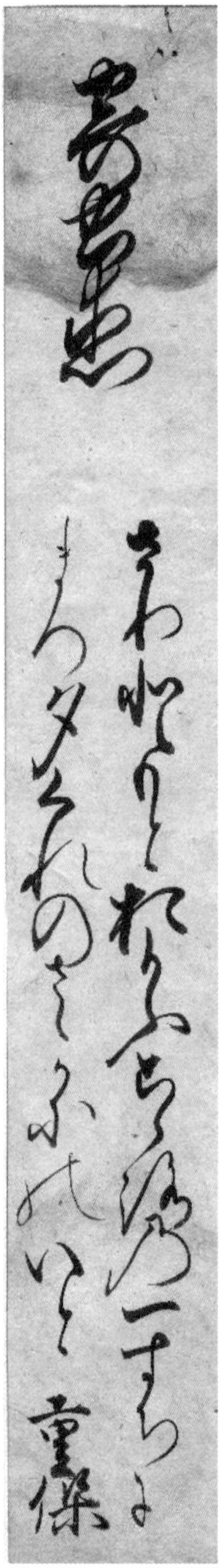

【釈文】

◇設問1
和歌の題と和歌本文の筆者は同じと見なせるだろうか？
※武井蔵（三点とも）

◇設問2
詠者の「重保」はどういう人物なのか、調べてみよう。
※公卿補任

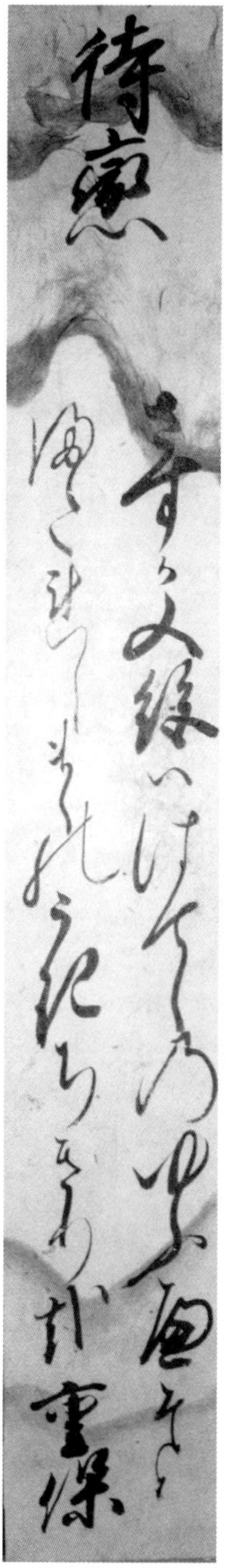

◇設問3
署名「重保」は三枚の短冊とも同一と見られるか？

【釈文】

第一枚目の短冊、歌題の上に小さな穴があいている。この穴はなんのためにあけられたのだろうか？

【参考】

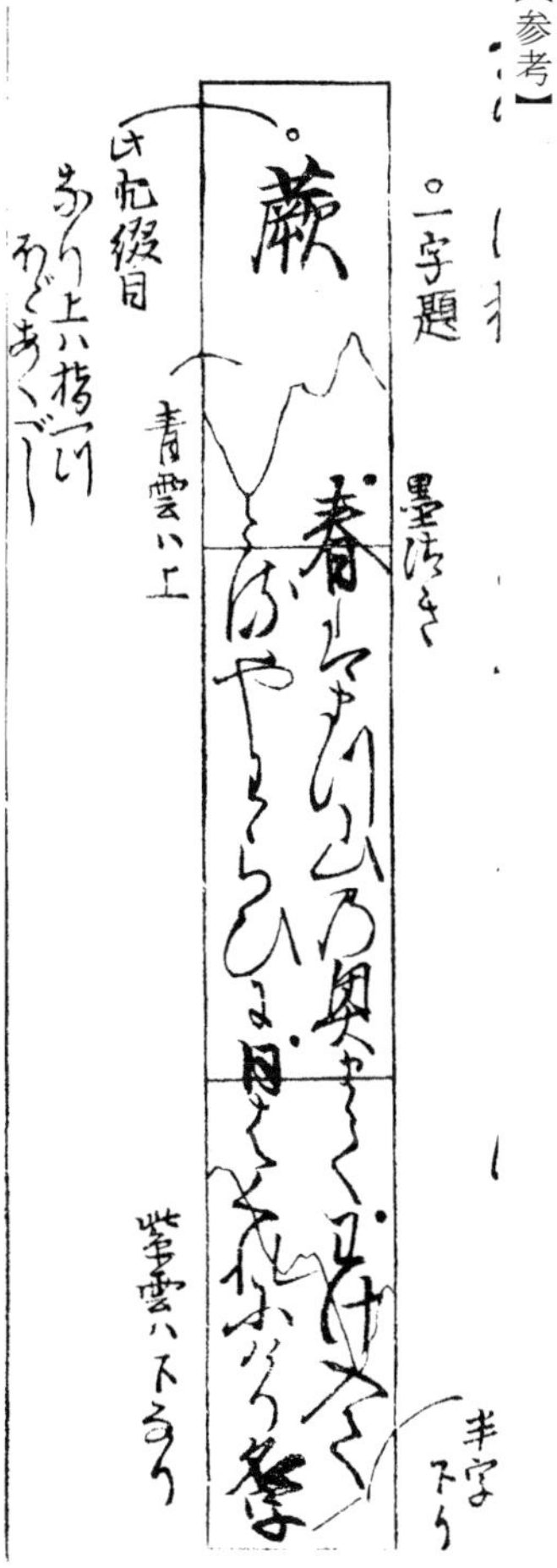

※中臣親満『千鳥のあと』（文政二年跋）二三丁表（部分）

§2・入門編（短冊②［十市遠忠］）

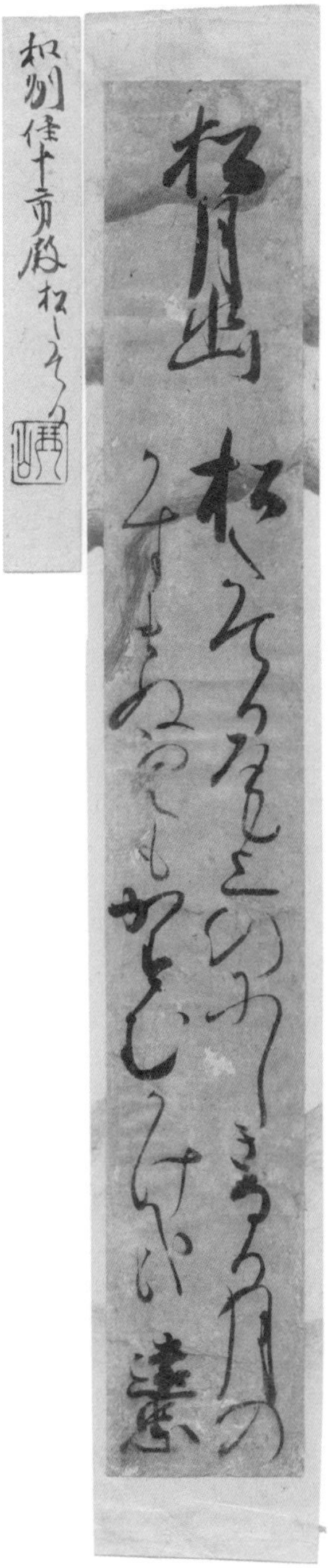

【釈文】

◇設問1
短冊の左にある小紙片は何だろうか？
※武井蔵（三点とも）

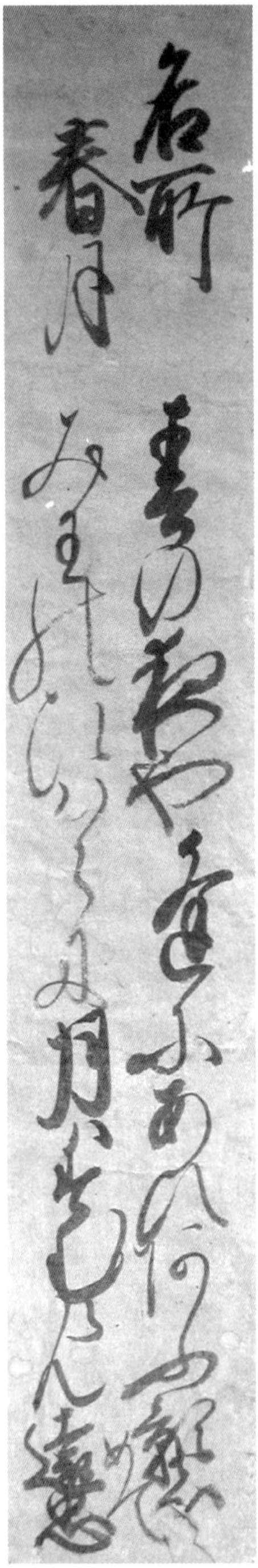

【釈文】

◇設問2
詠者の「遠忠」はどういう人物なのか、調べてみよう。
※国書人名辞典

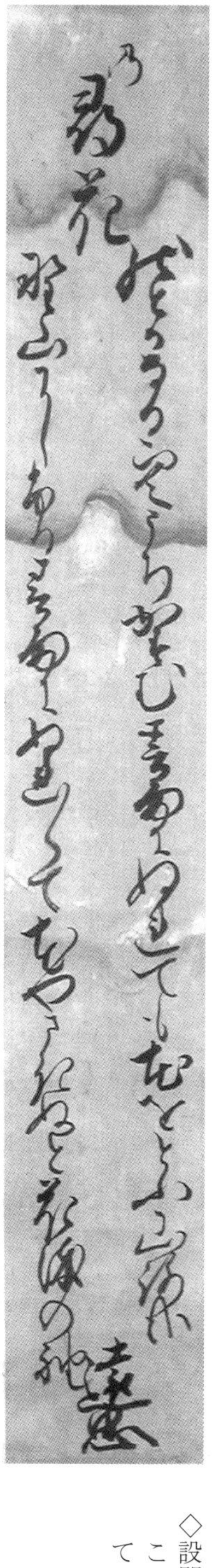

◇設問3
この短冊が他の短冊と異なっている特徴を整理してみよう。

【釈文】

《発展問題》
『新編私家集大成　CD－ROM版』には、遠忠の家集がⅠからⅦまで収められている。この短冊の歌が家集に取られているかどうか、調べてみよう。

◇遠忠自署（古文書の場合）

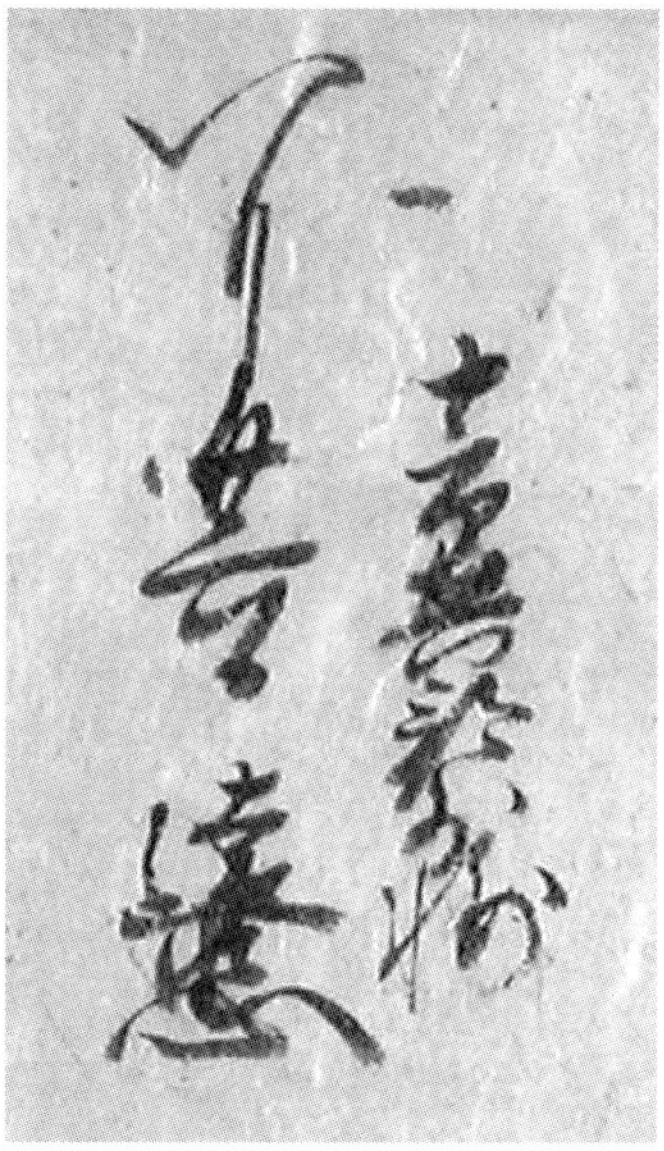

§3・中級編（詠草①［十市遠忠（自筆）春日社詠三十首和歌］）

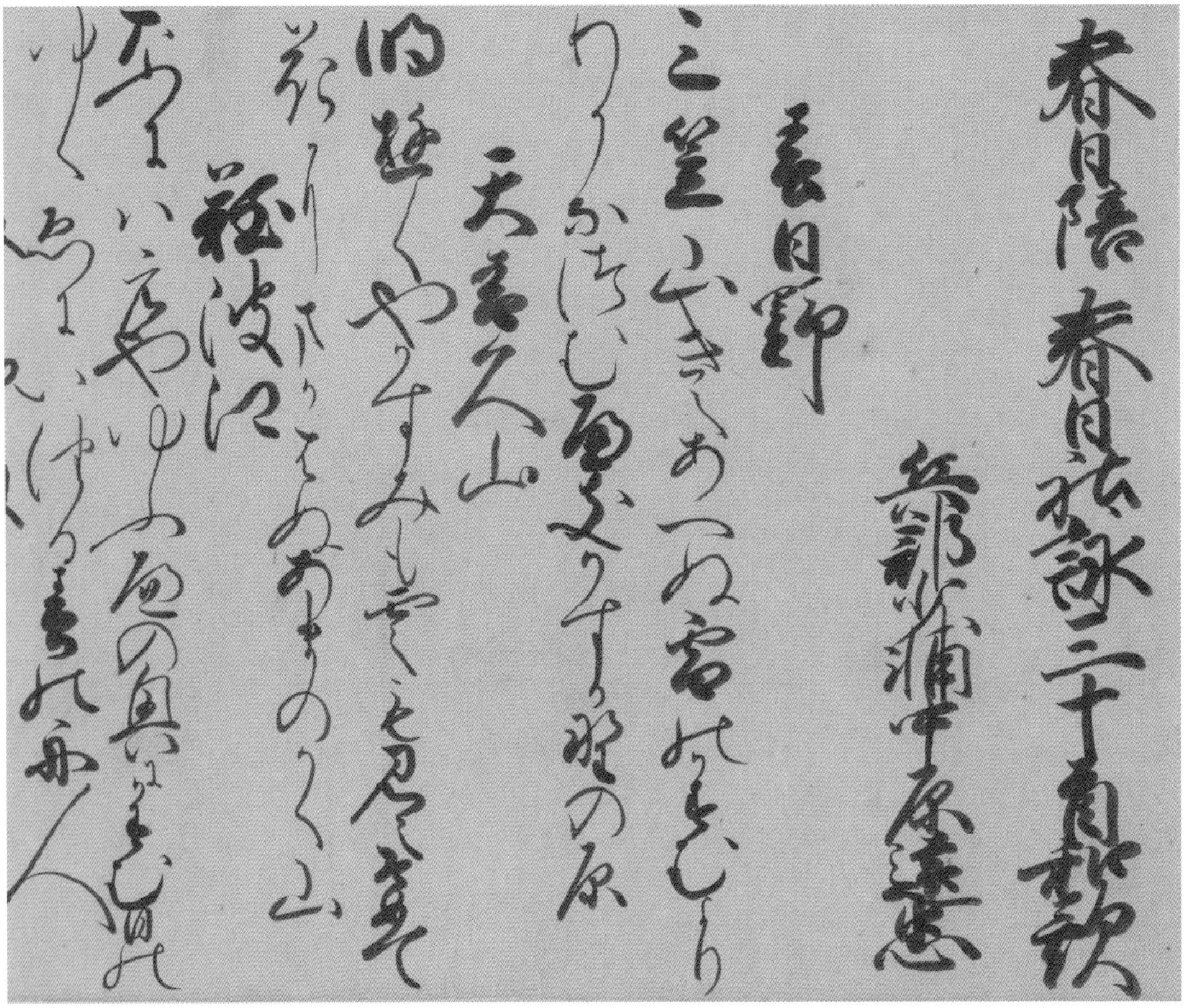

【釈文】

※武井蔵

◇設問1
前項の遠忠の短冊と、筆跡を比べてみよう。

《視点》内題で、「陪」と「春」の間に僅かに空白があることに注意

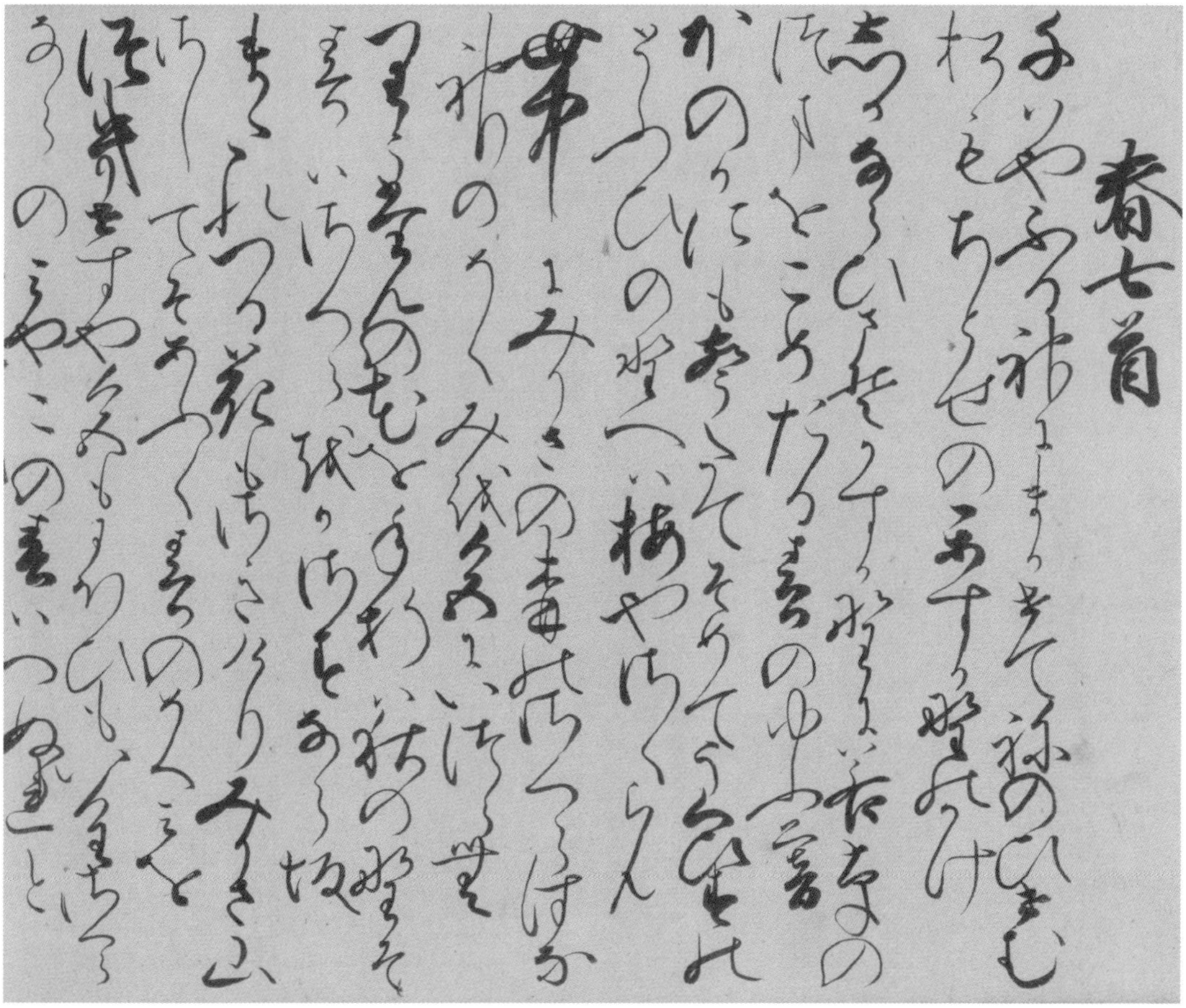

【釈文】

※合写される「卌一首和歌」の冒頭。

◇設問2

この作品には成立を物語る以下の識語《しきご》がある。解釈してみよう。

右の三十首を詠しつゝ少睡眠のうちに
祭礼ありて予所役にしたふ今夢ミ一首の
神詠をかうふる間是を冠にをきて左の
三十一首を一時に綴て弥敬信のこゝろ
さしを述といへり

※「したふ」は「したかふ」の誤りか。

§4・中級編（詠草②［伝足利義尚公詠草］）

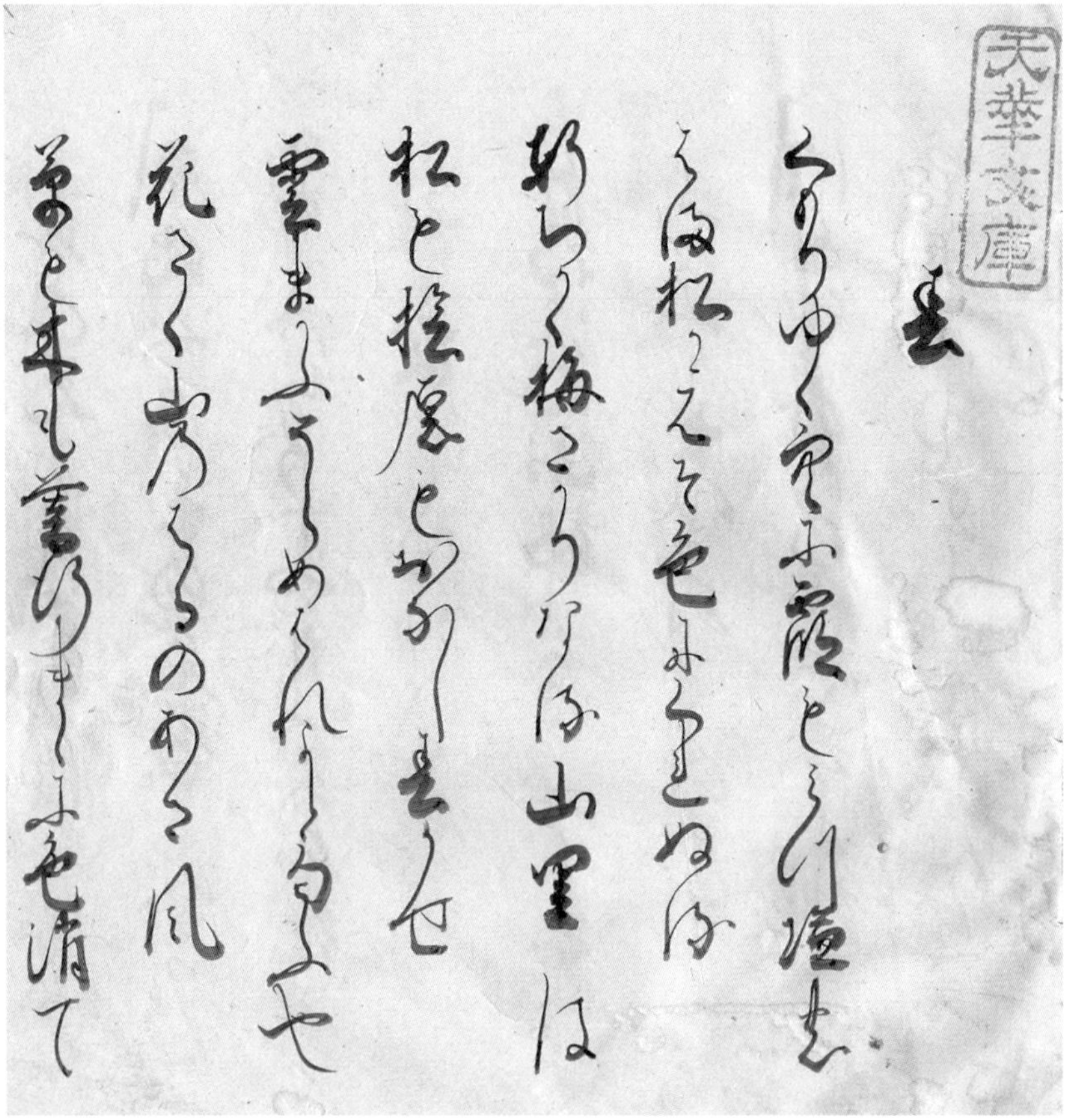

【釈文】

※埼玉大学蔵「義尚公詠草」〔九一一・一・A・二〇九八〇〇一八九〕

◇設問1

詠者に擬されている足利義尚（一四七三〜一四八九）は、文化人としてどのような事蹟を残しているだろうか、調べてみよう。

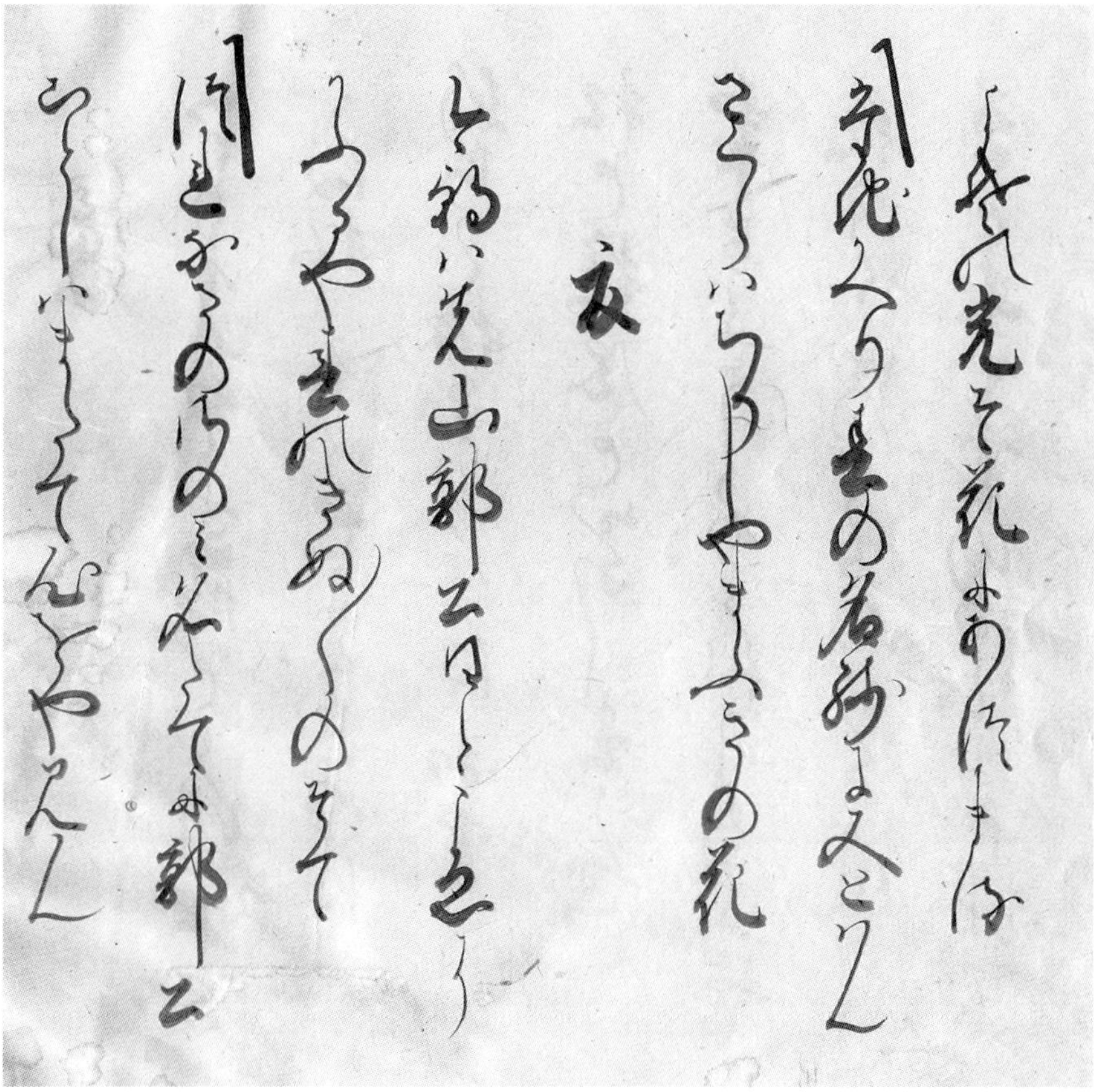

【釈文】

◇設問2

この典籍の表紙に書かれている外題《げだい》は、上記のようになっている。和歌の合点を施したとされている「兼良」はどのような人物か。また、なぜ義尚の和歌と結びついたとみなされたのか、義尚と兼良との関係性を調べてみよう。

§5・中級編（詠草③［菅原道真仮託天神百首］）

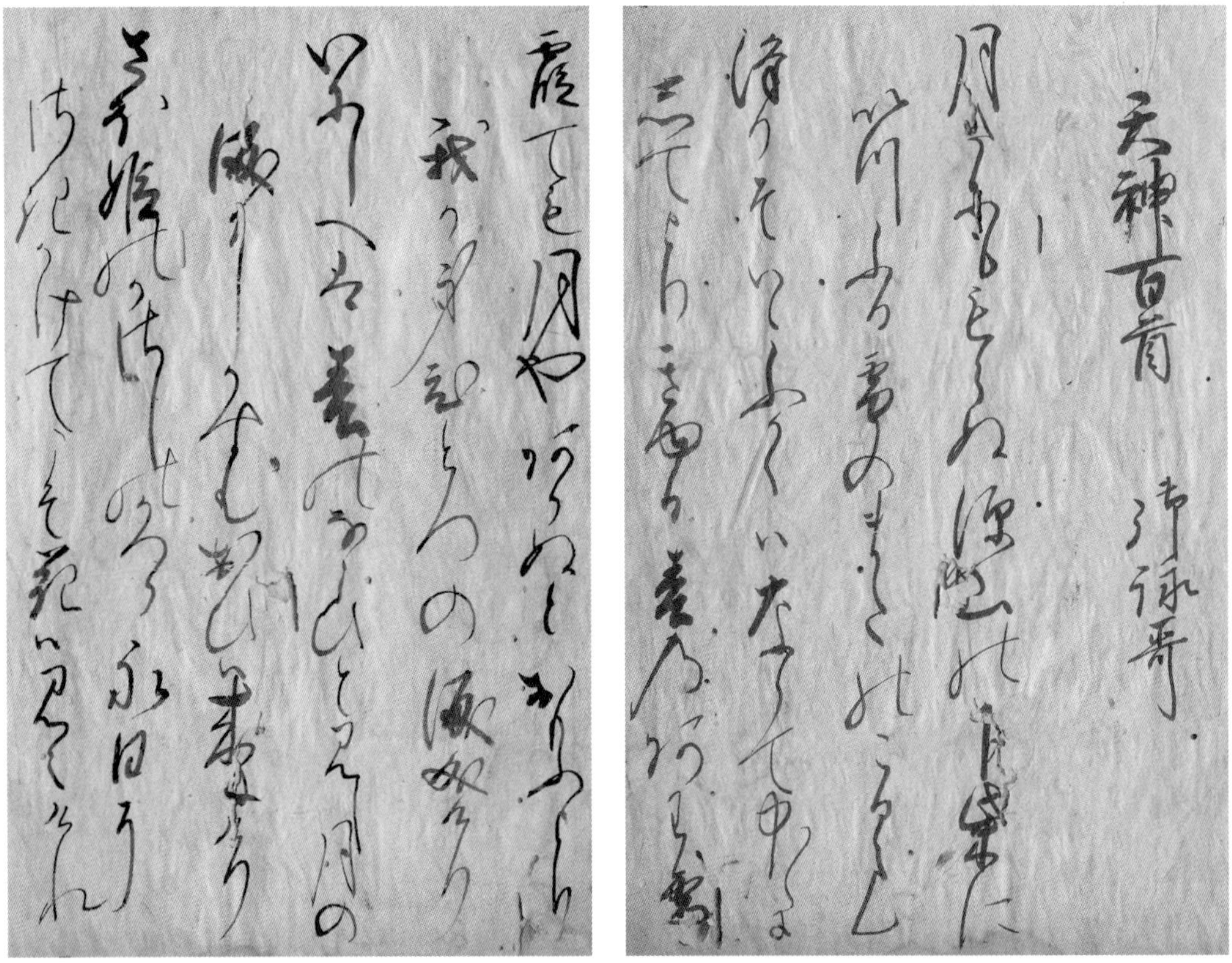

【釈文】

※埼玉大学蔵「天神百首御詠哥」〔九一一・Te・二〇五八〇二七六七〕

◇設問1

菅原道真が「百首歌」を詠む可能性はあるだろうか？　百首歌の歴史を調べてみよう。

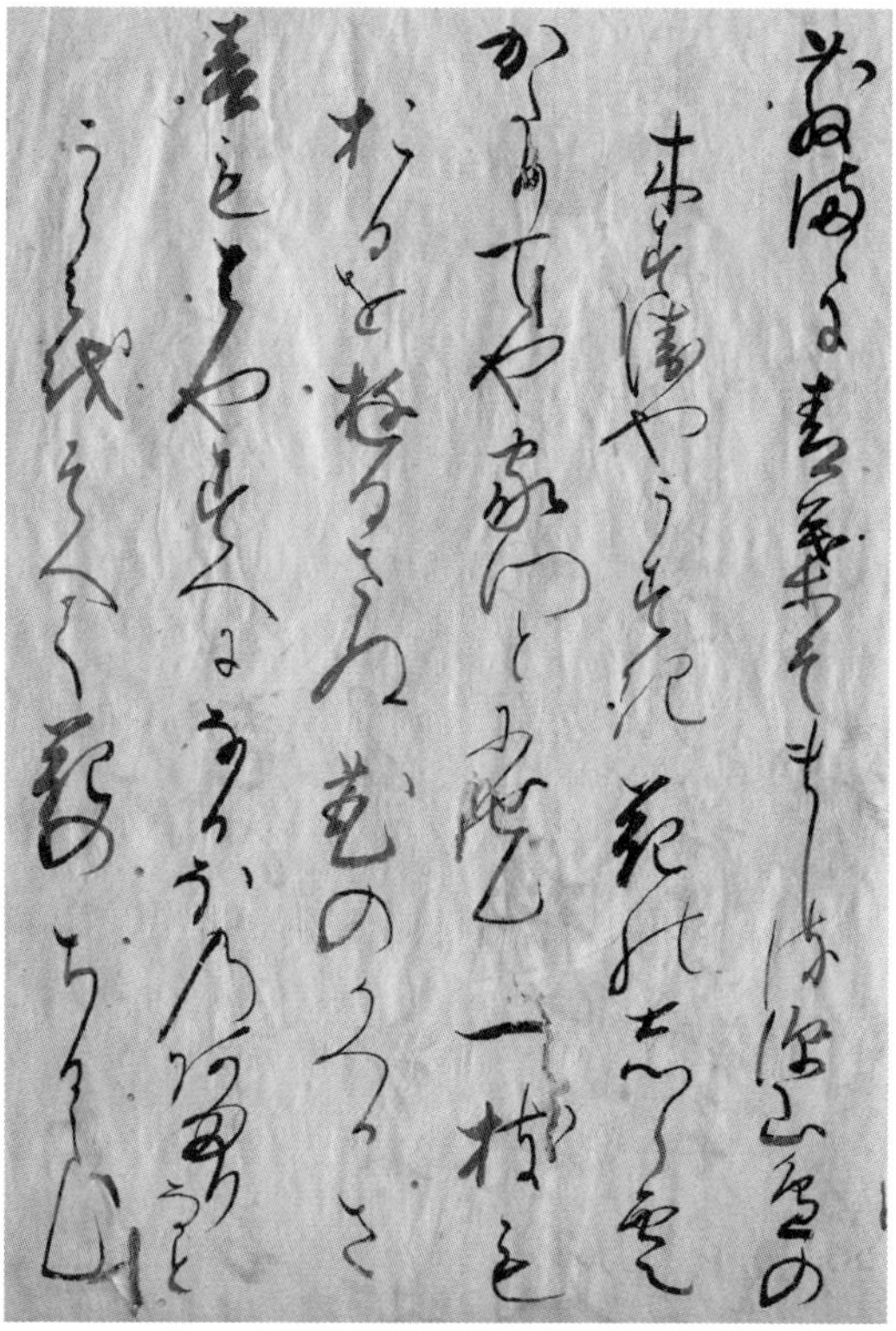

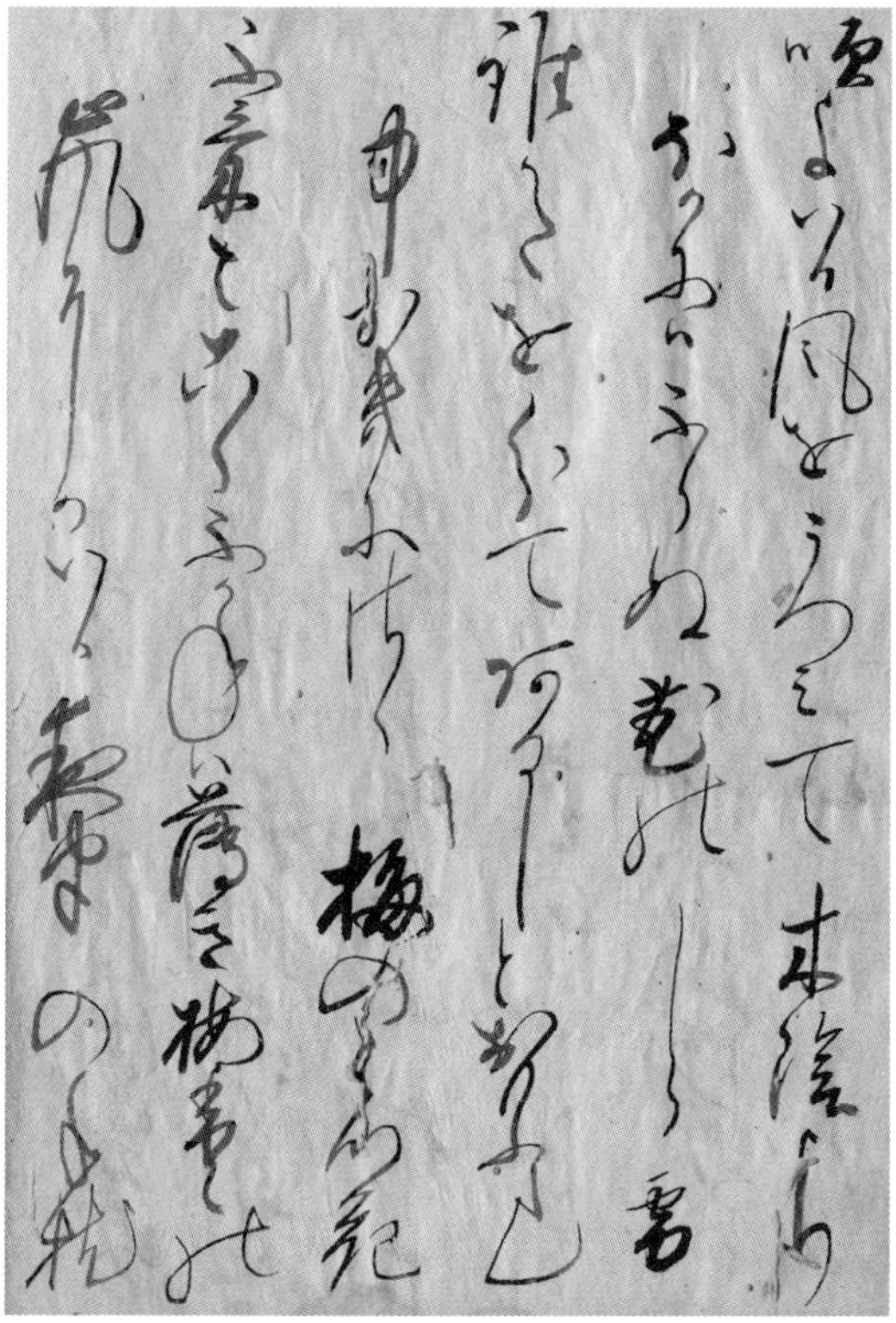

【釈文】

◇設問2
勅撰集にとられている菅原道真の和歌を調べてみよう。
※勅撰集付新葉集作者索引

§6・中級編（百人一首①「寛文元年写」）

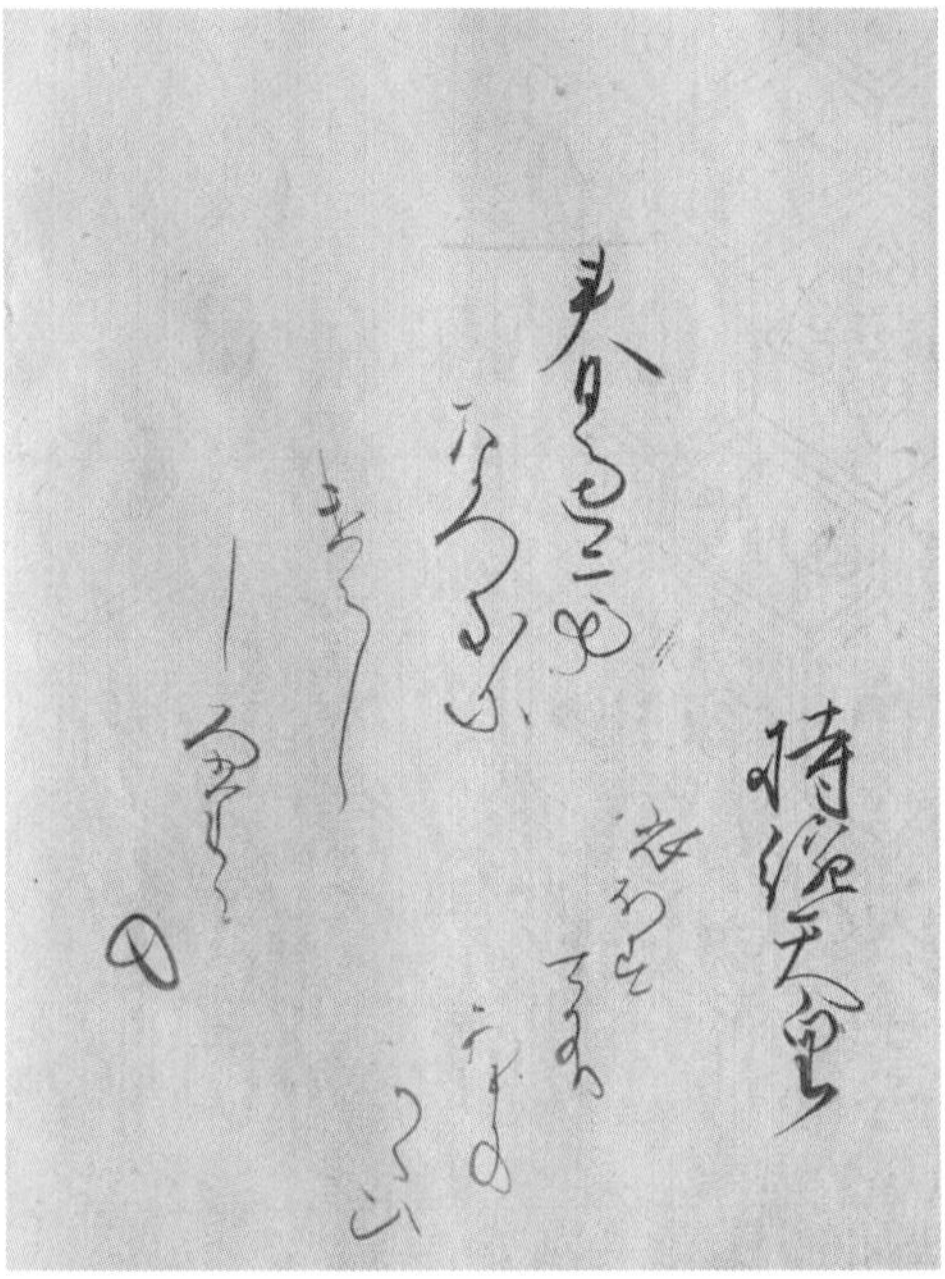

【釈文】※文字の配列は、出来るだけ原本のままに

◇設問1
墨継ぎの箇所はどこだろうか？

※埼玉大学蔵本「九一一・一・H・二〇八八〇四一八七、寛文九年写」（以下同）

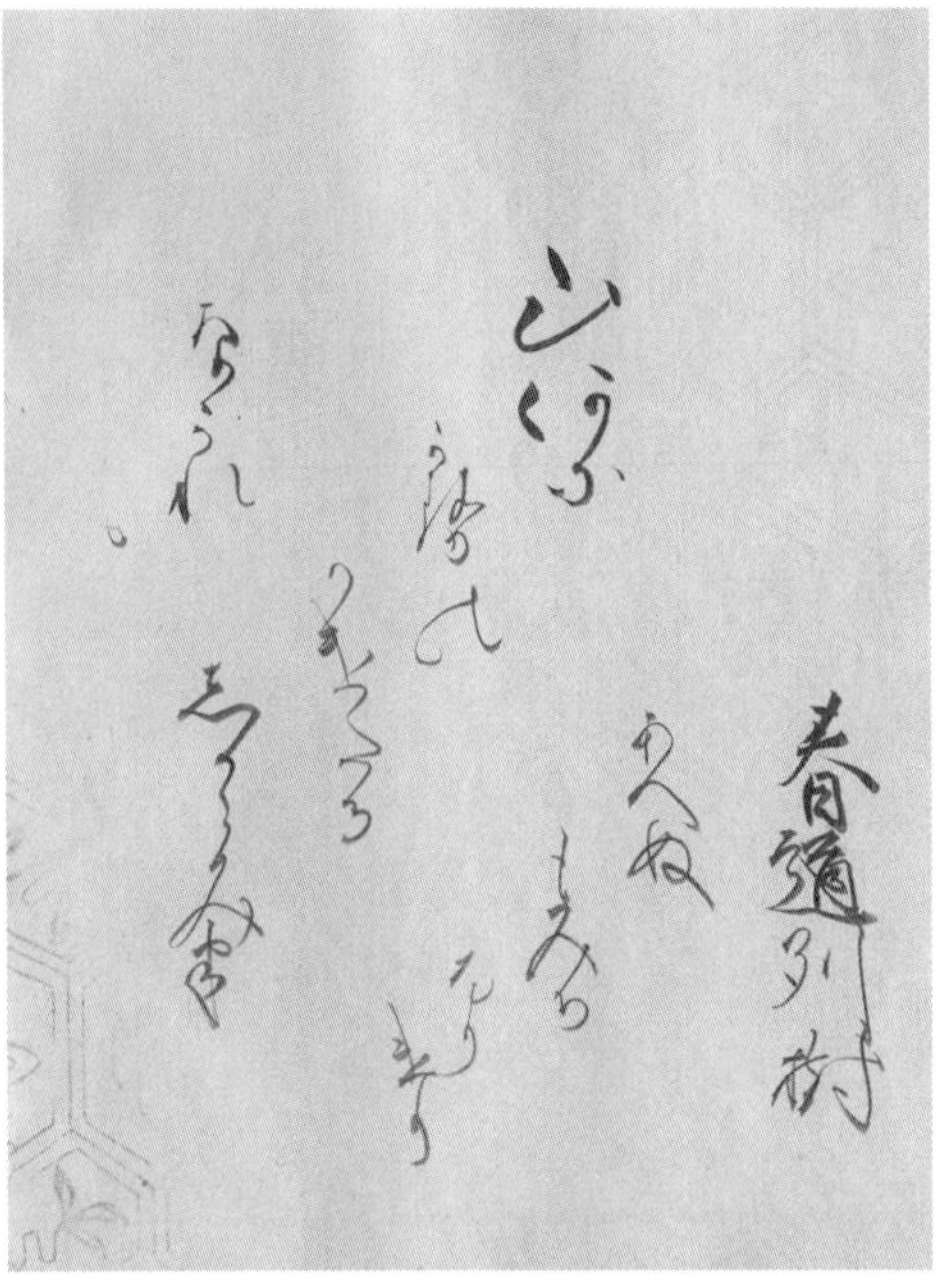

【釈文】

◇設問2
この歌には一字見えにくくなっている文字がある。さがしてみよう。

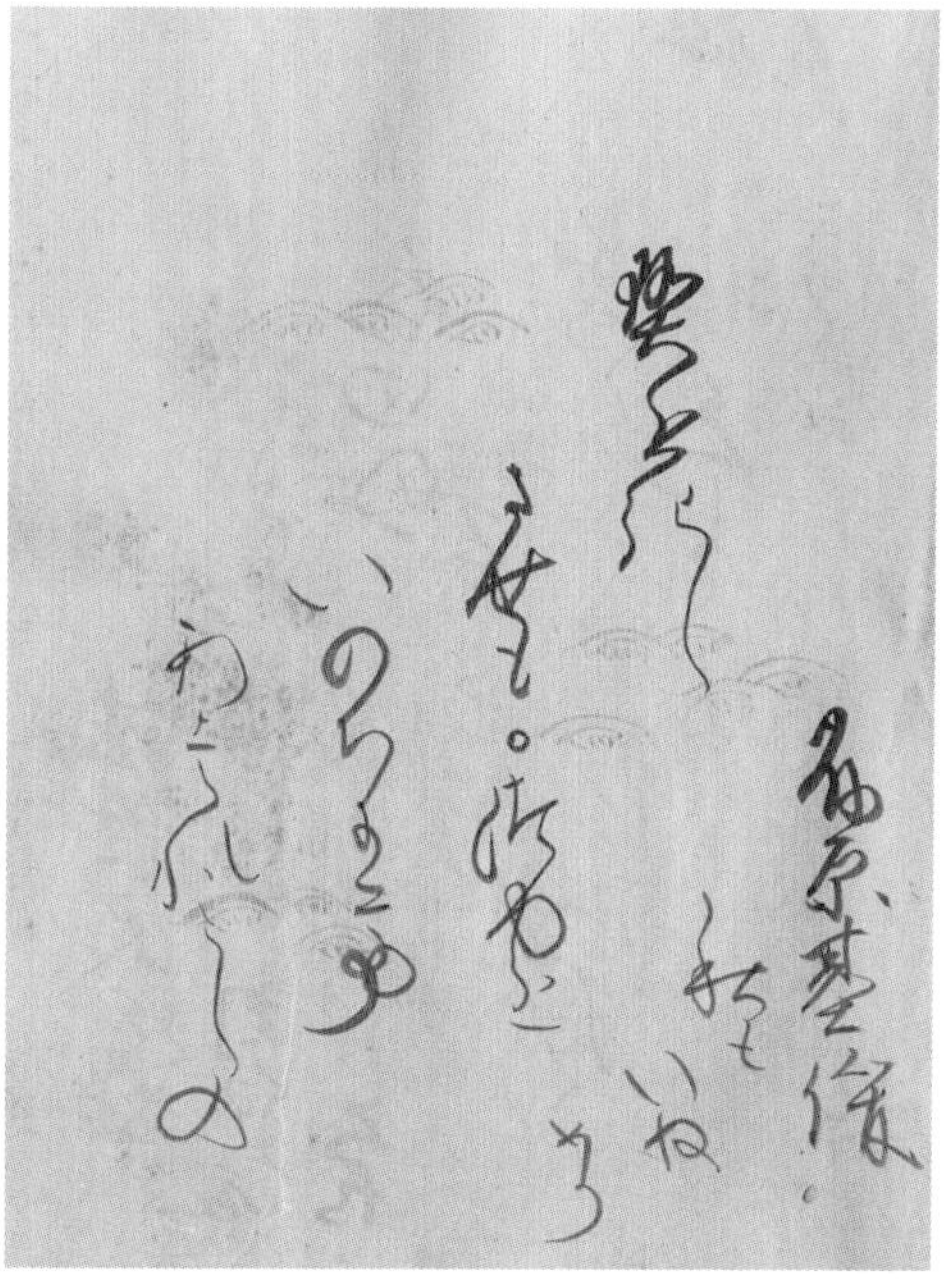

【釈文】

◇設問３
「。」のような文字が存するが、何と読むべきか？

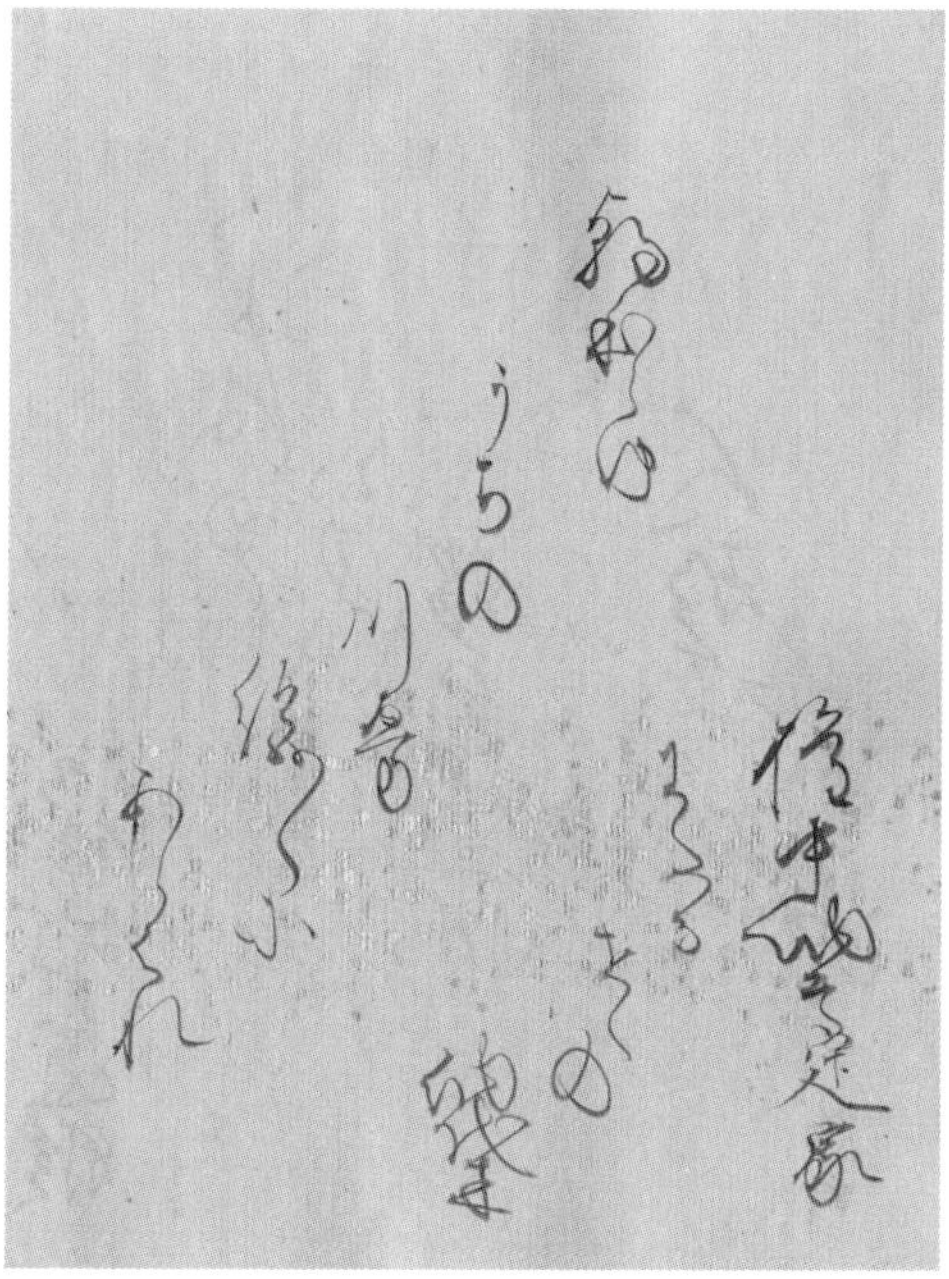

【釈文】

◇設問４
この面には、明らかな誤写がある。それはどれか調べてみよう。また、なぜそのような誤写が起きたのか、その理由も考えてみよう。

《奥書》

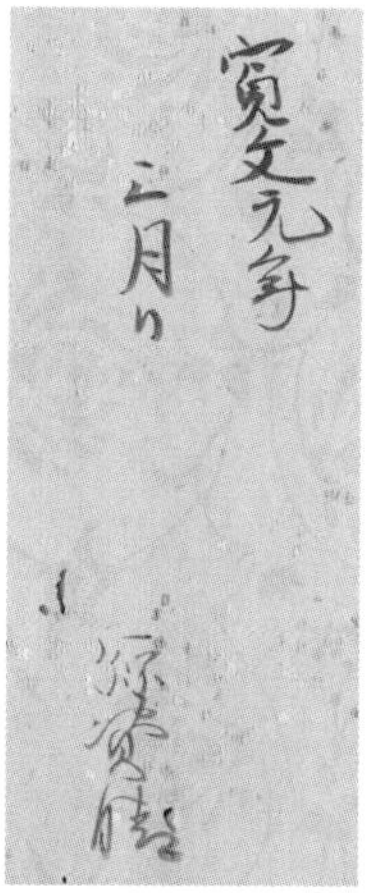

§7・中級編（百人一首②［元禄一五年写］）

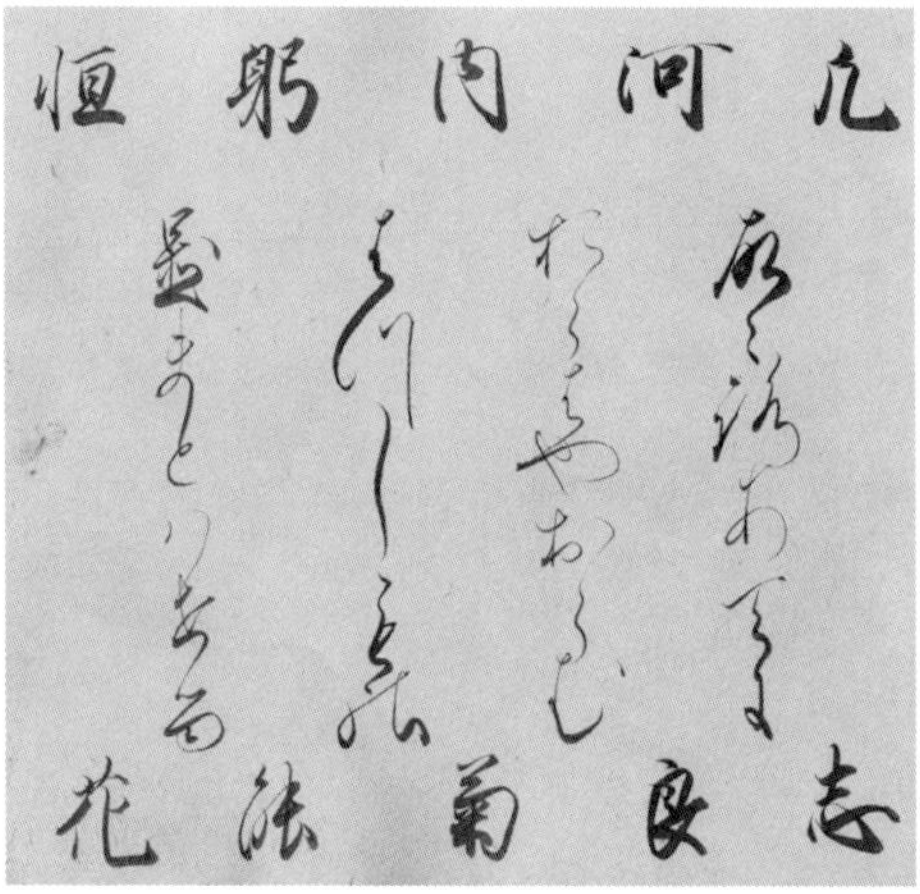

【釈文】※文字の配列は、出来るだけ原本のままに

◇設問1
この面のレイアウトでの工夫の跡を考えてみよう。

※埼玉大学蔵本〔九一一・一・H・二〇八八〇一八一五〕

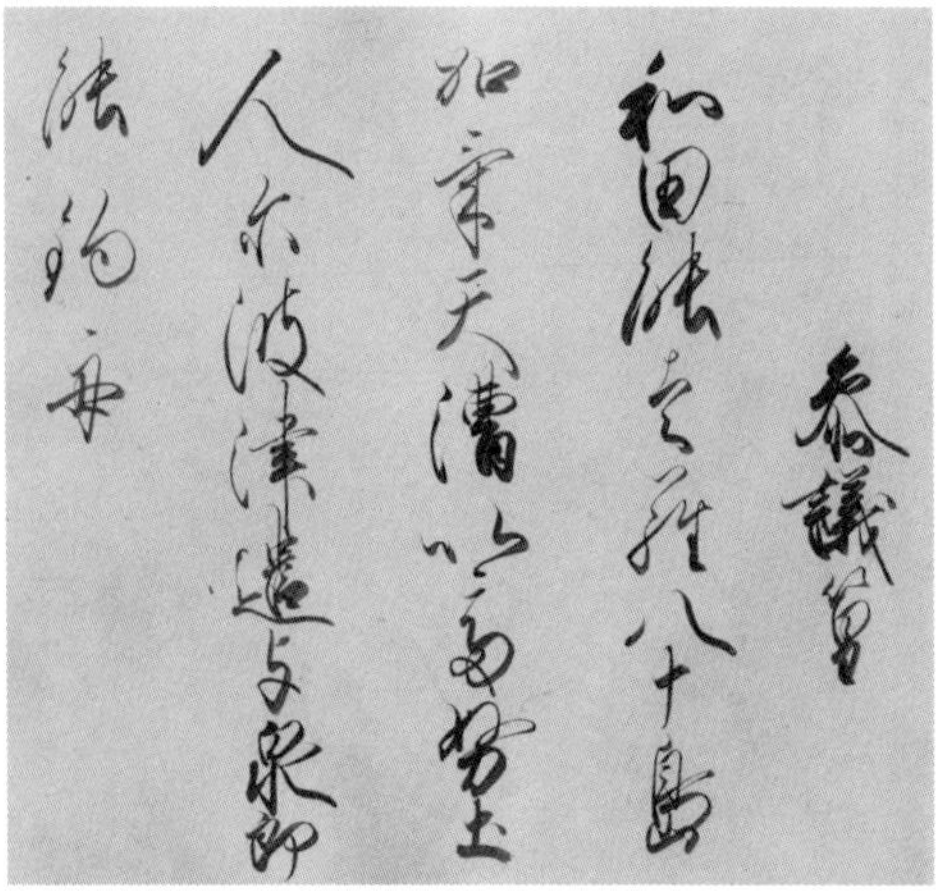

【釈文】

◇設問2
この面は、まるで万葉仮名であるように書かれている。そうした理由を想像してみよう。

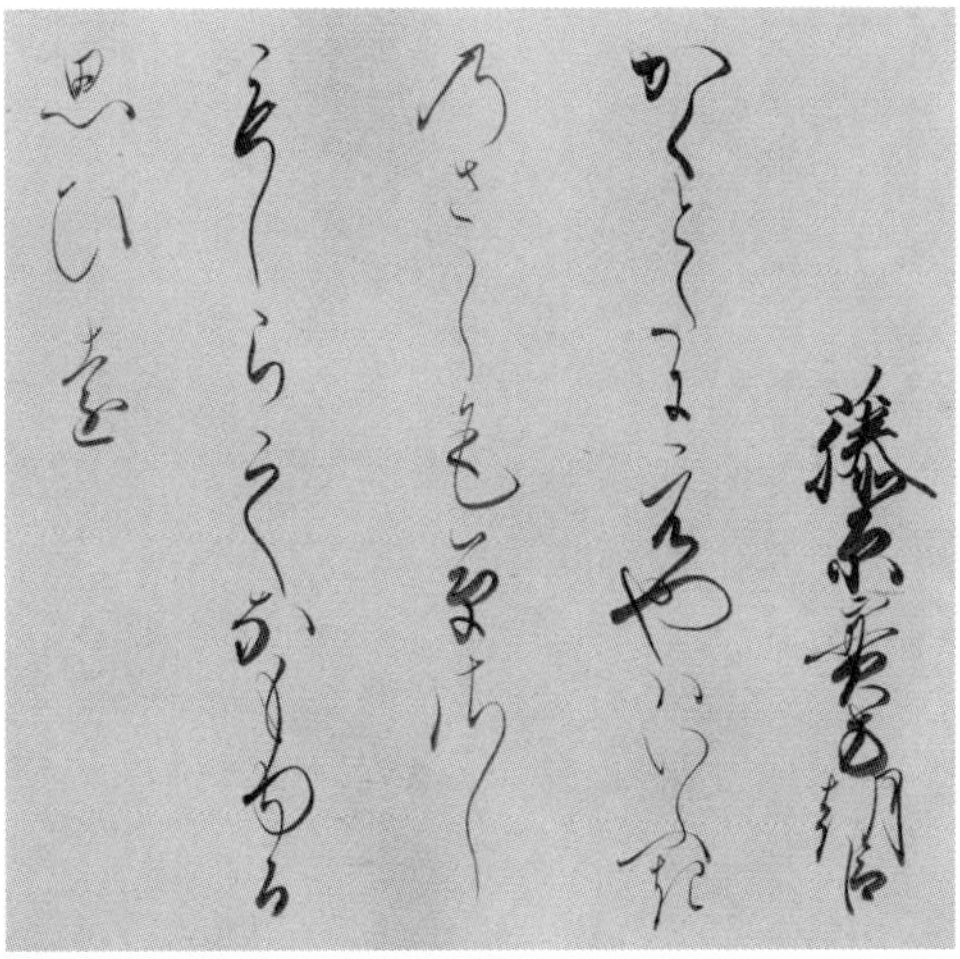

【釈文】

◇設問3
この面は、一首懐紙の書式に則っている。一首懐紙の書式とは何か、調べてみよう。

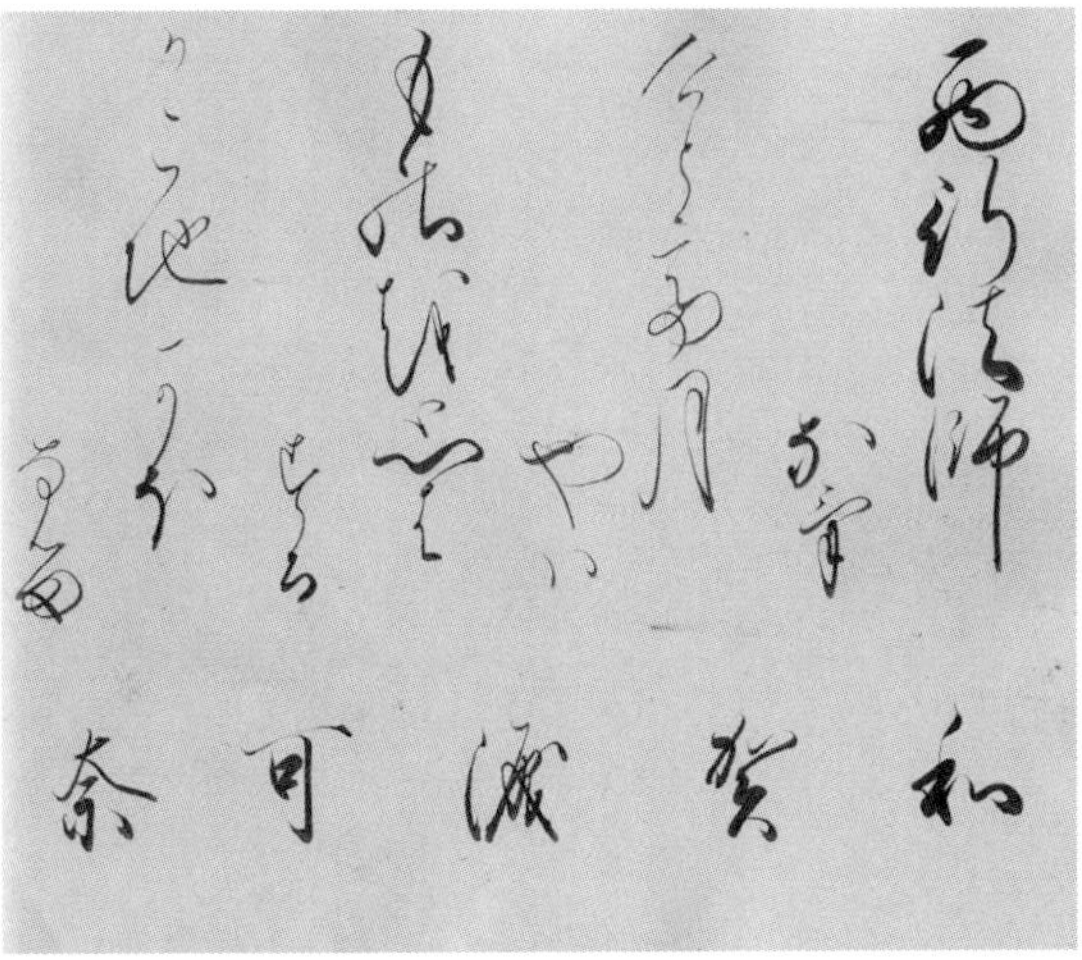

【釈文】

◇設問4
この『百人一首』の筆者は、書式に関し、さまざまな工夫をこらしている。なぜそのような工夫が必要であったのか、想像してみよう（左掲奥書を参照）。

《奥書》

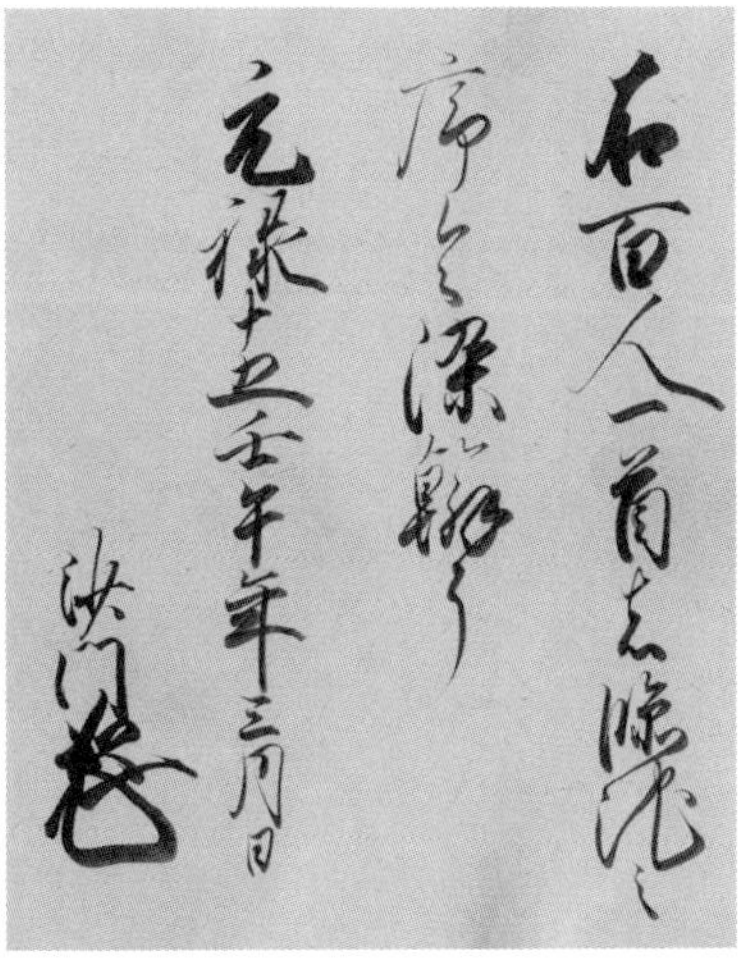

§8・上級編（十八番歌合　文明十七年三月二十四日〔室町後期写〕）

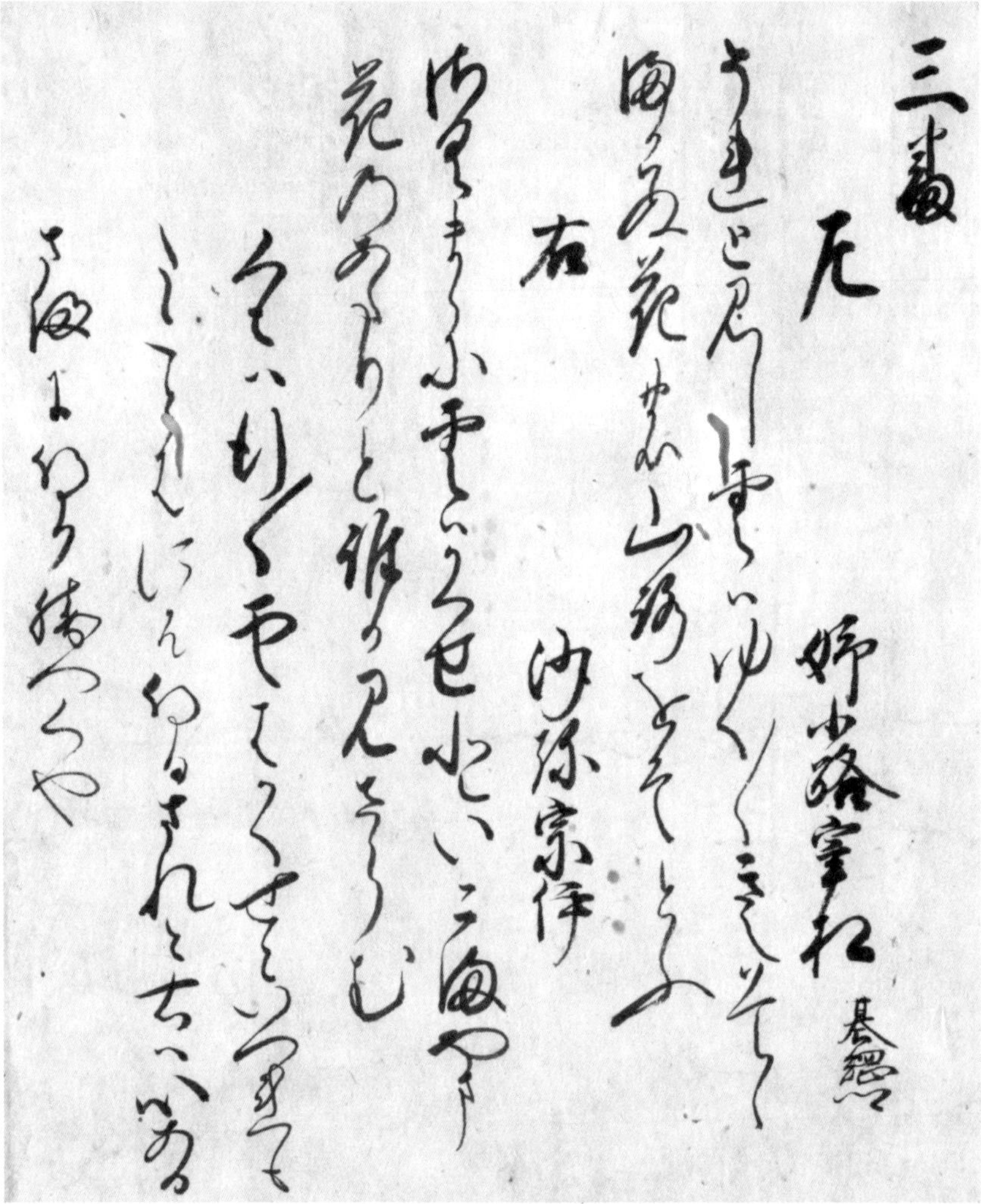

【釈文】

※埼玉大学蔵〔九一一・一：A・二二〇八〇一一五三〕

◇設問1
和歌作者である、姉小路基綱・宗伊の事蹟を調べてみよう。

◇設問2
この写本には、勝負が記載されてない。判詞の内容から、左右どちらの歌が勝ったのか、推定してみよう。

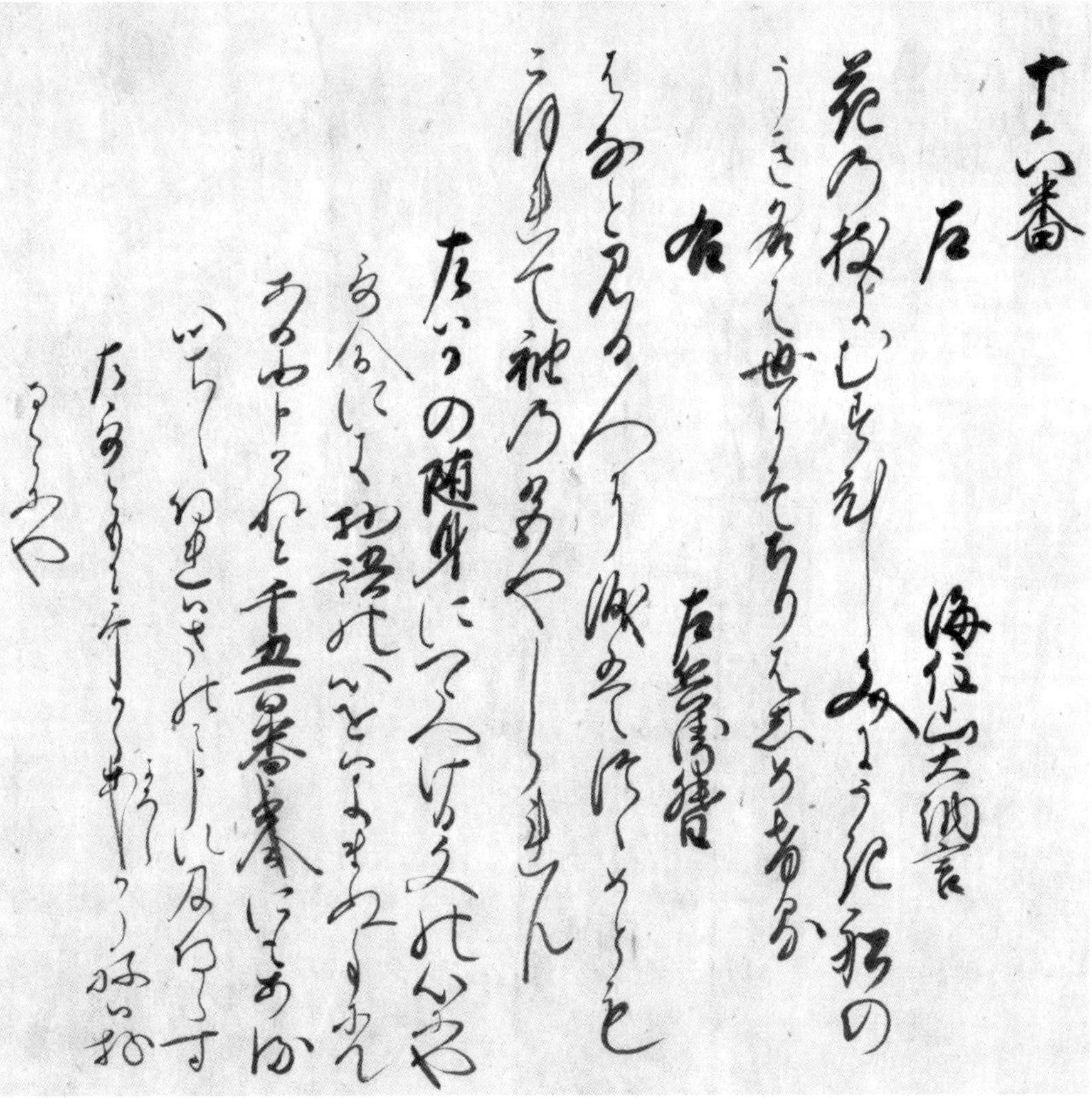

【釈文】

◇設問3
判詞の中で、『千五百番歌合』における類歌の存在を示唆しているが、そのような類歌が実際に存するのか、調べてみよう。

§9・上級編（一条兼良の著作を読む①［藤河の記］）

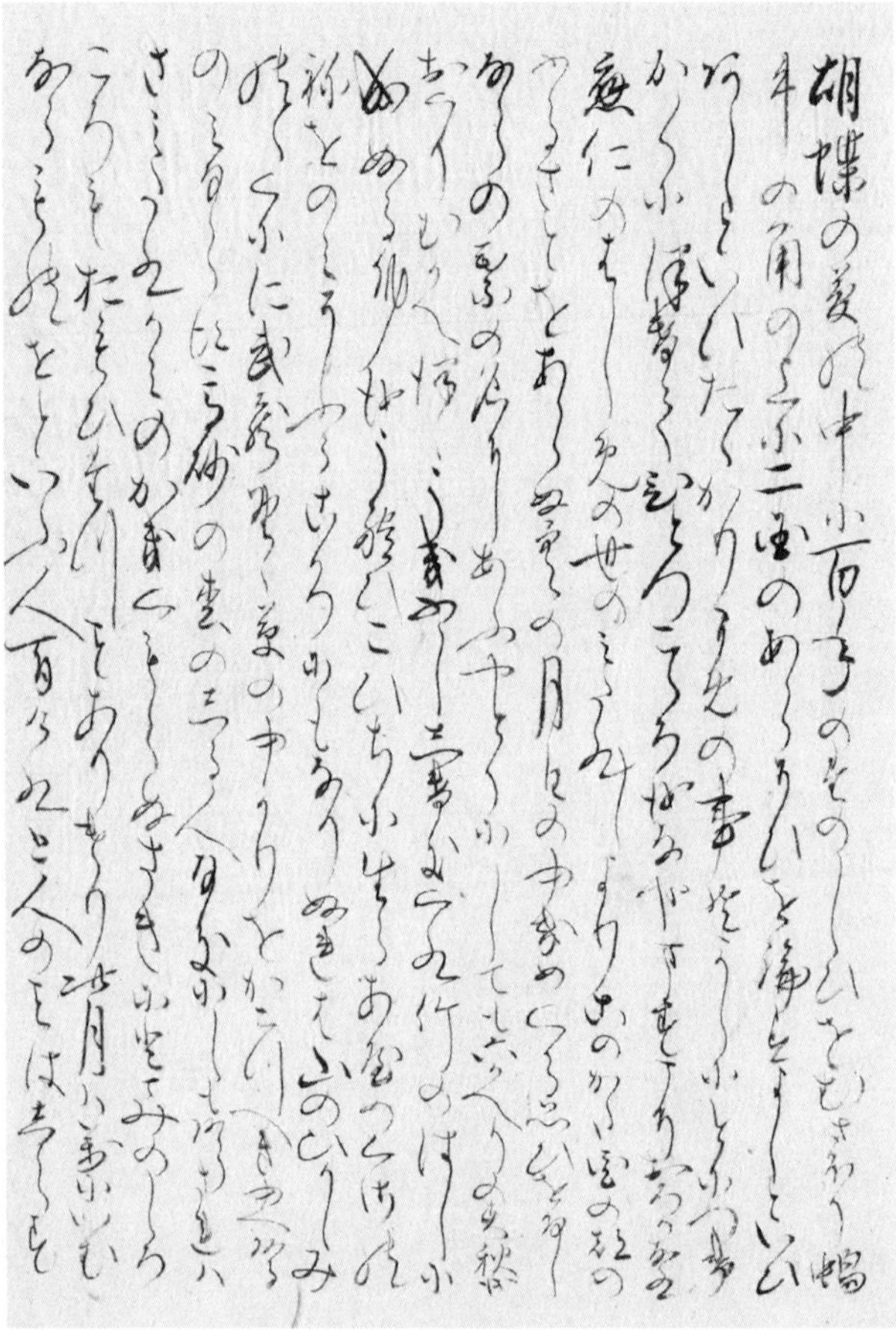

※武井蔵〔江戸末期写〕

◇設問1

「藤河」の所在を調べてみよう。

※新日本古典文学大系・中世日記紀行文集

《ヒント》胡蝶・蝸牛・二国・應仁・武蔵野・高砂

【釈文】

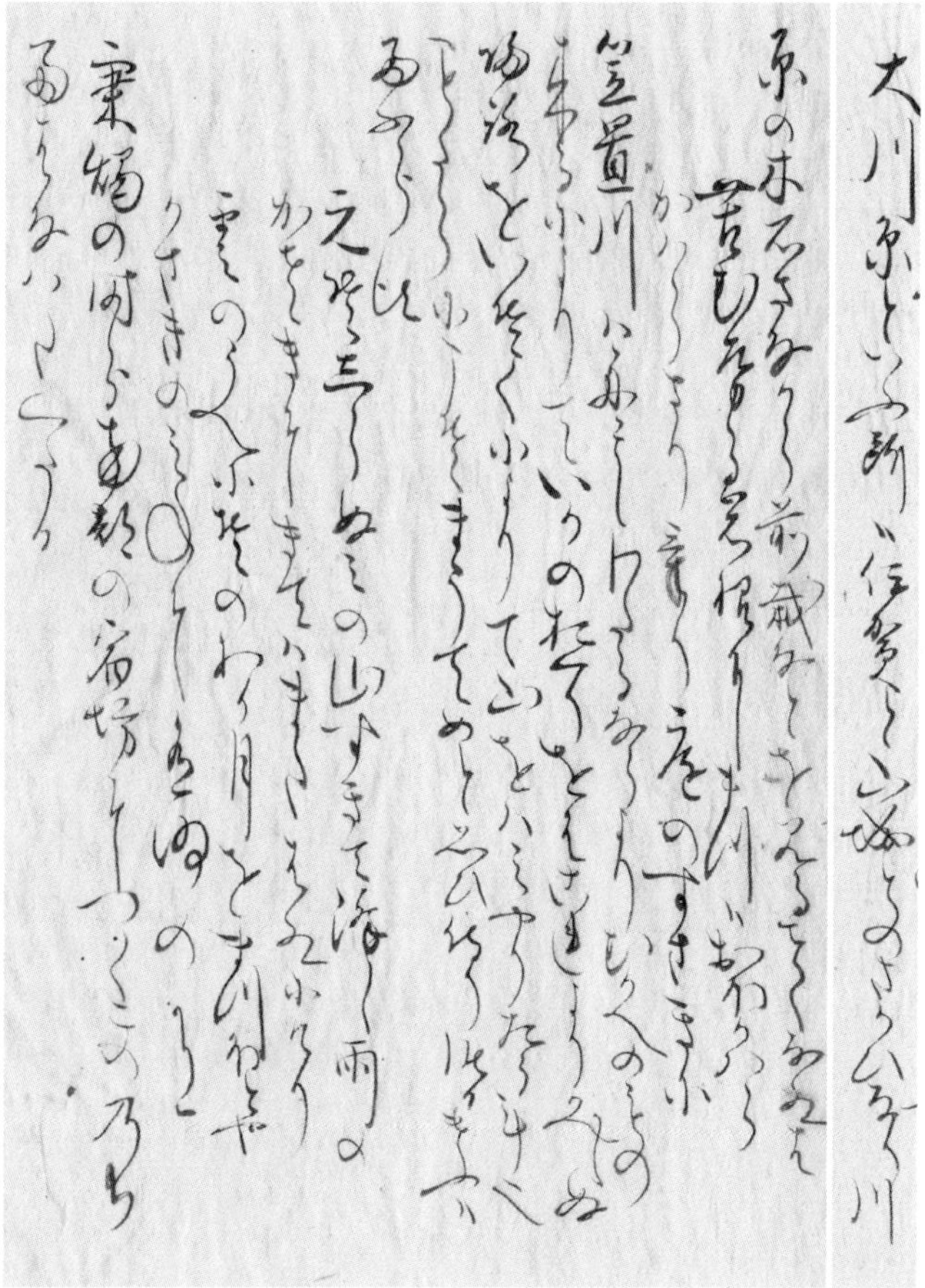

【釈文】

◇設問2
ここに見える地名を調べてみよう。

《ヒント》前栽・帰路・秉燭《へいしょく》・南都

§10・上級編（一条兼良の著作を読む②［古今集秘抄］）

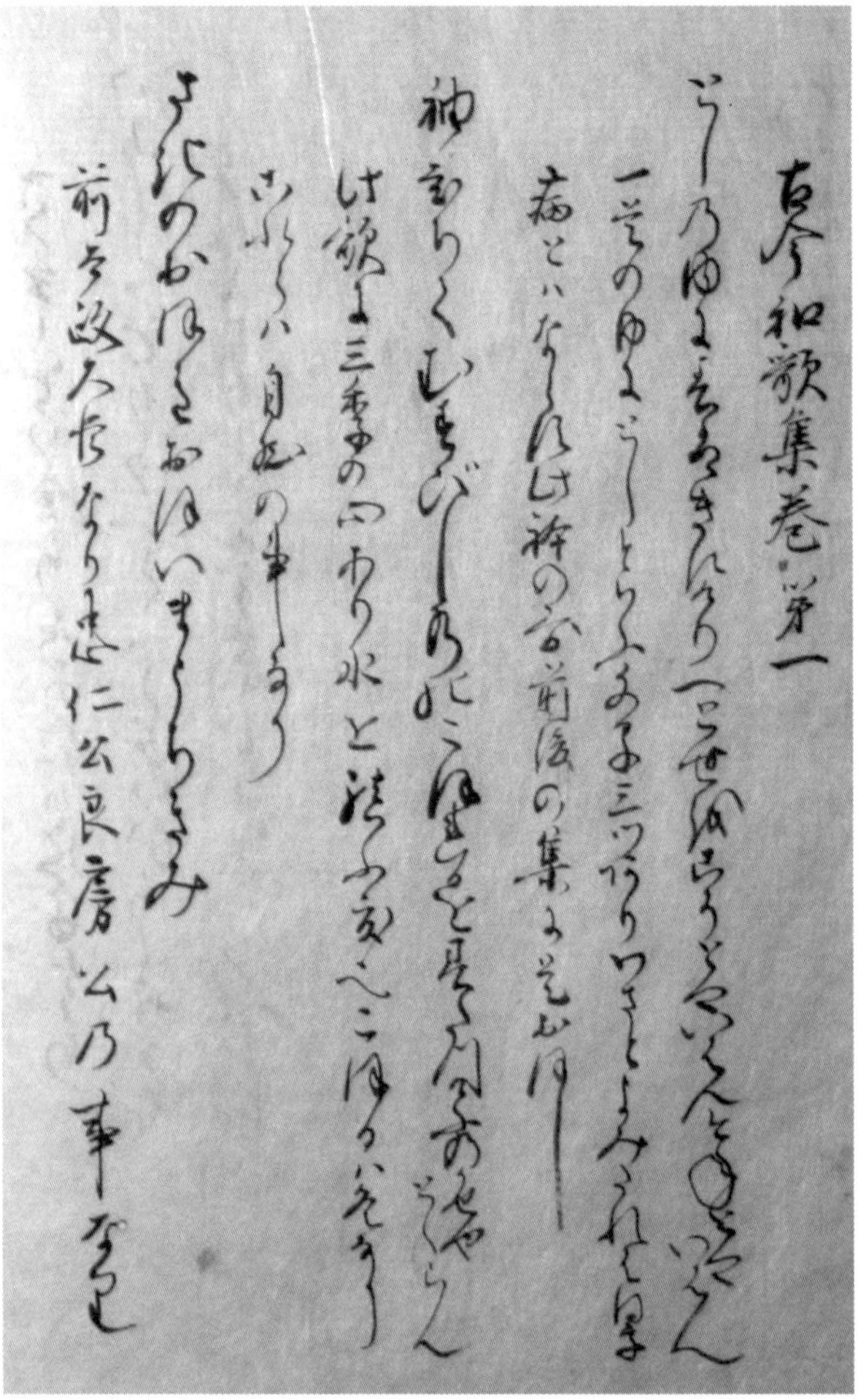

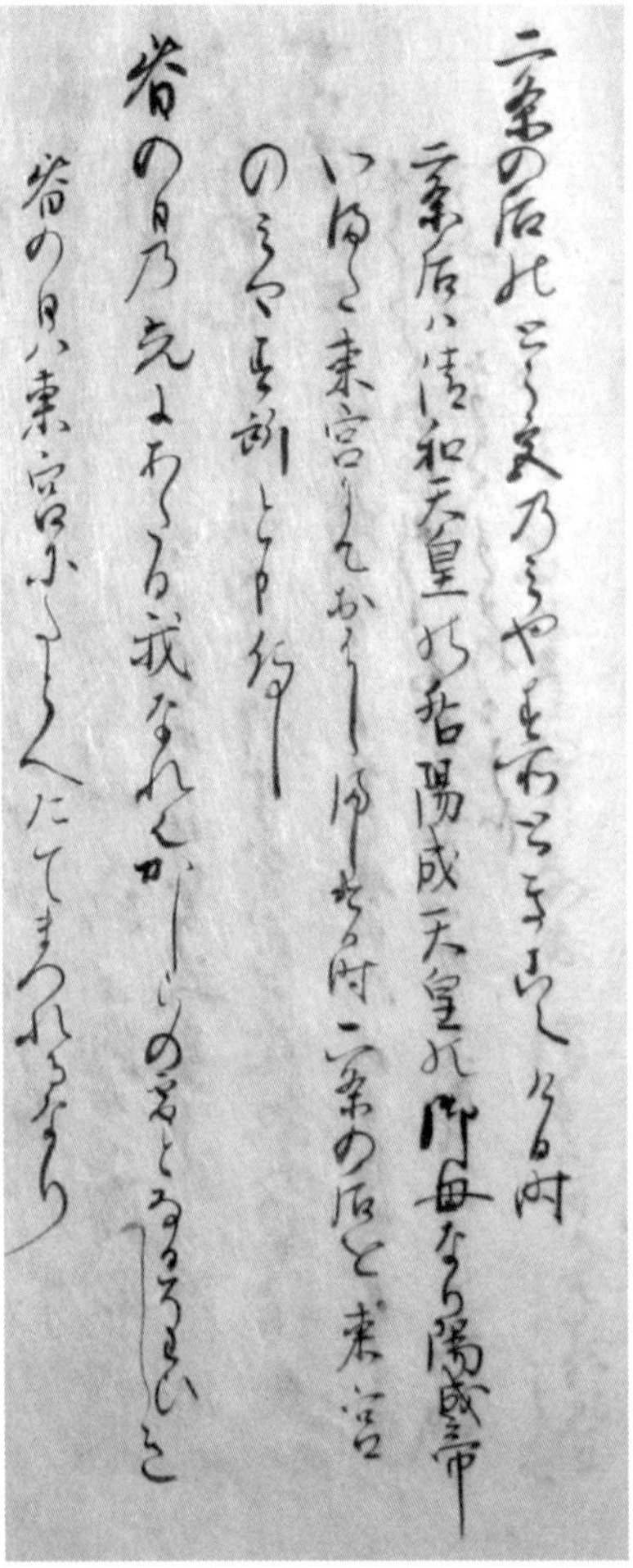

※武井蔵［江戸後期写］

【釈文】

◇設問1
一ヶ所だけ濁点が打たれている。その理由を想像してみよう。

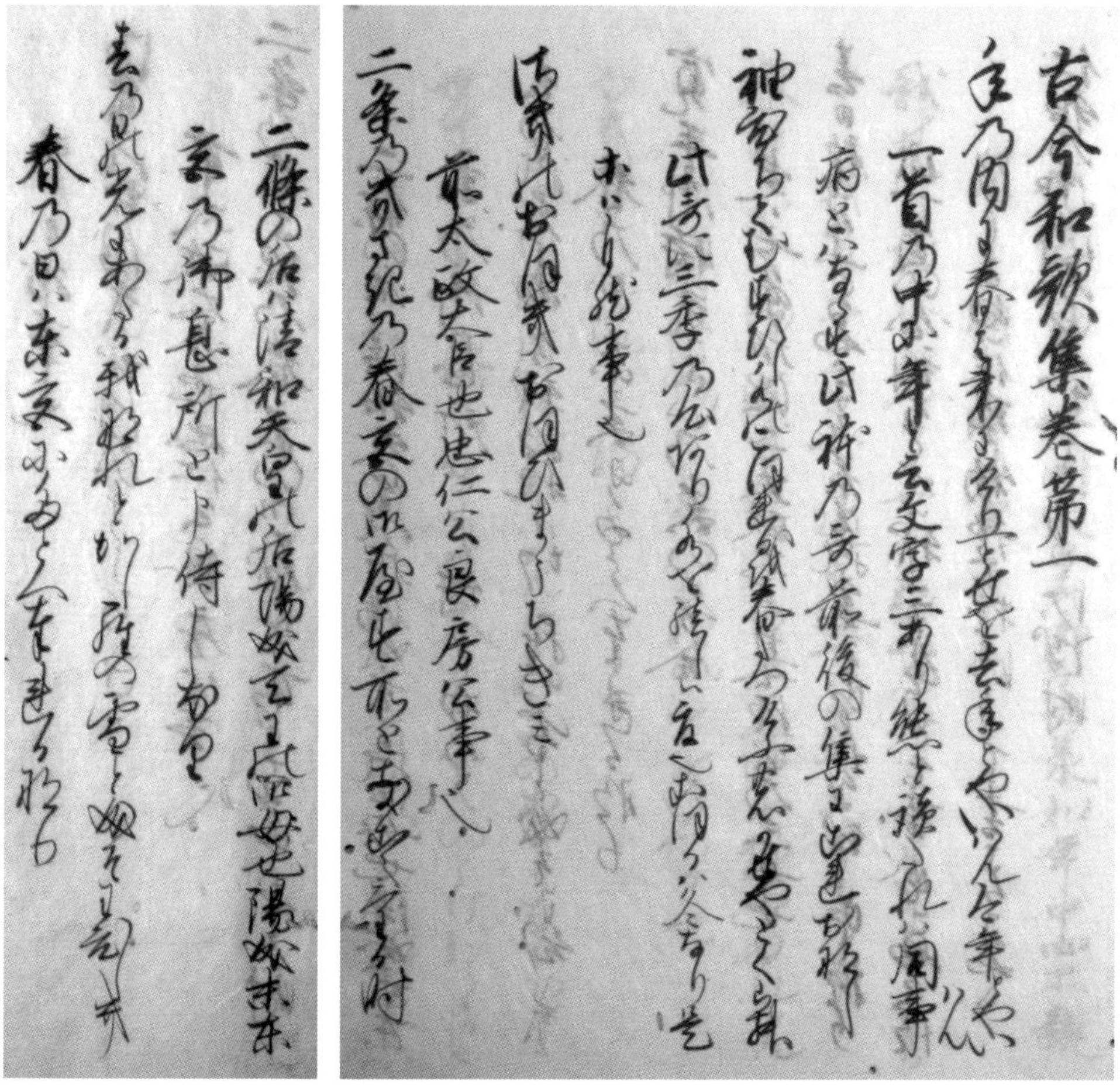

※埼玉大学蔵〔九一一・一・I・二〇七八〇一八〇五、江戸前期写〕

【釈文】

◇設問2
ふたつの『古今集秘抄』を対校してみよう。

§11・上級編（一条兼良の著作を読む③〔兼良自筆伊勢物語愚見抄〕）

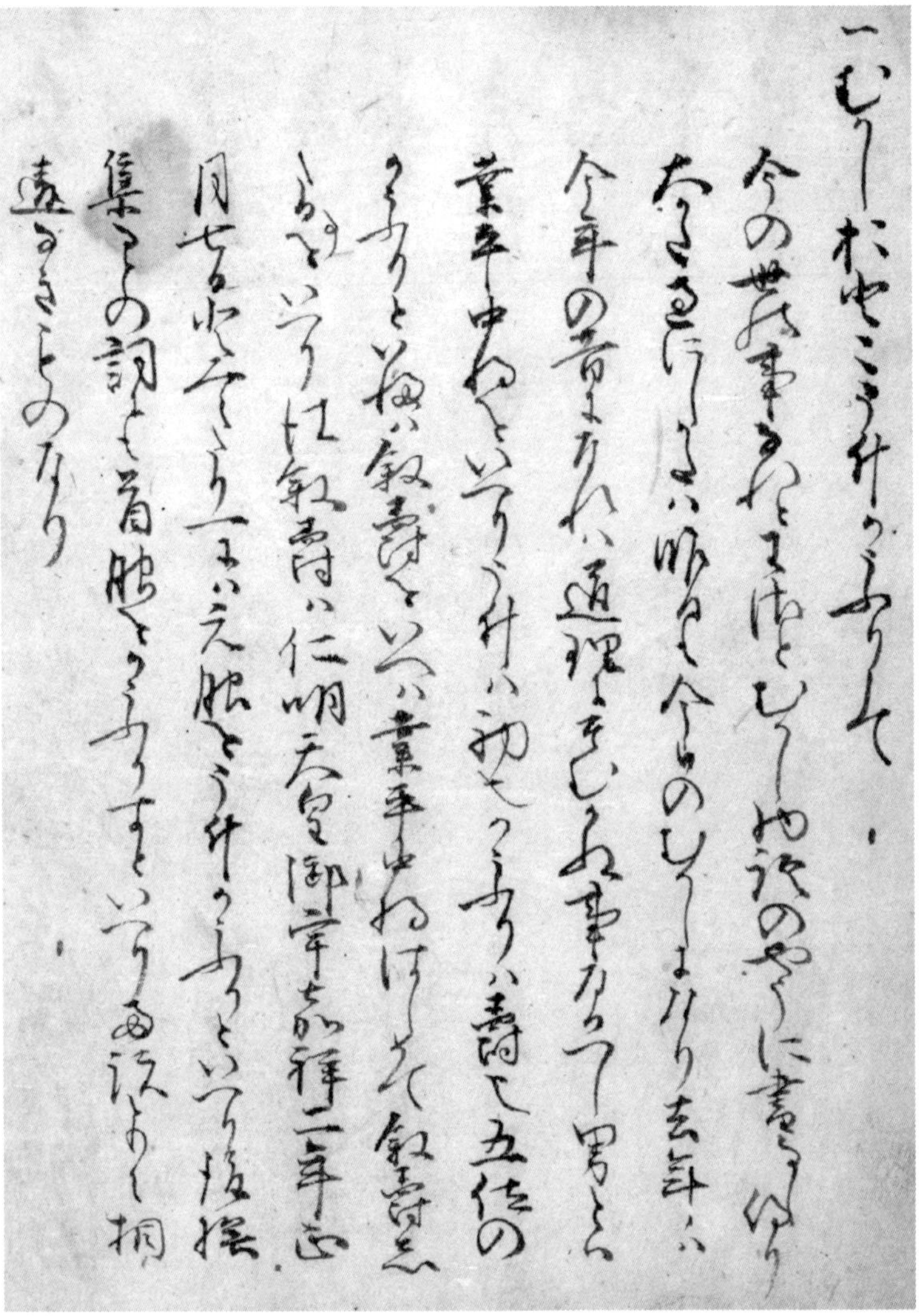

※武井蔵〔兼良自筆〕

《巻末識語》

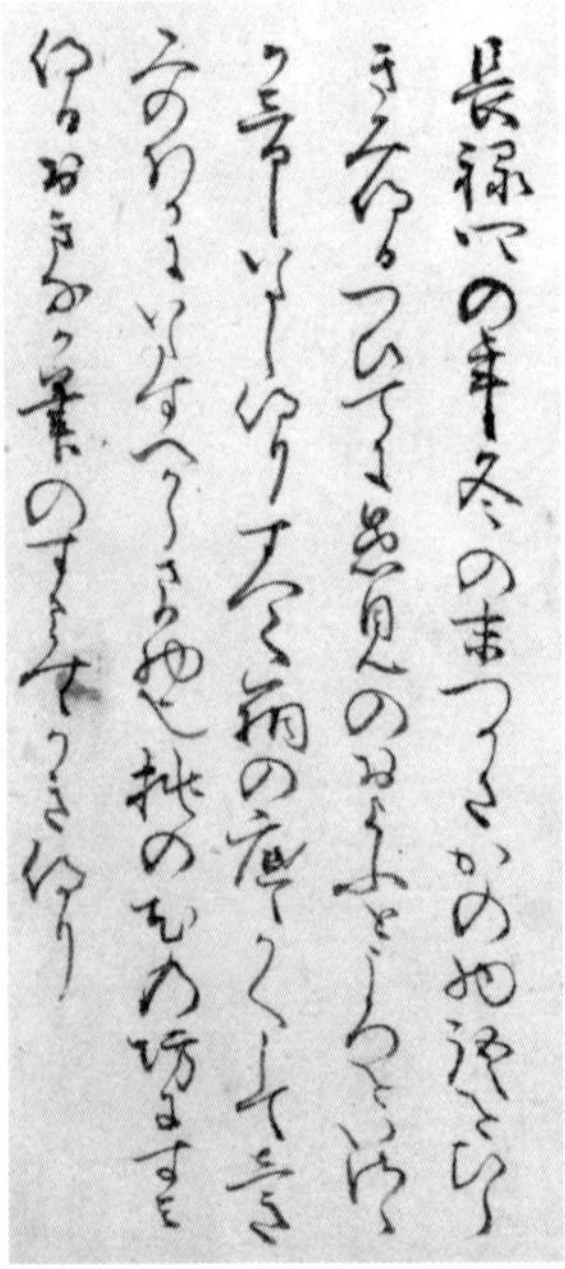

《ヒント》
中将・爵・嘉祥・元服・後撰・
首服・両説・相違

【釈文】

◇設問1
この識語から、『伊勢物語愚見抄』の成立を考えてみよう。

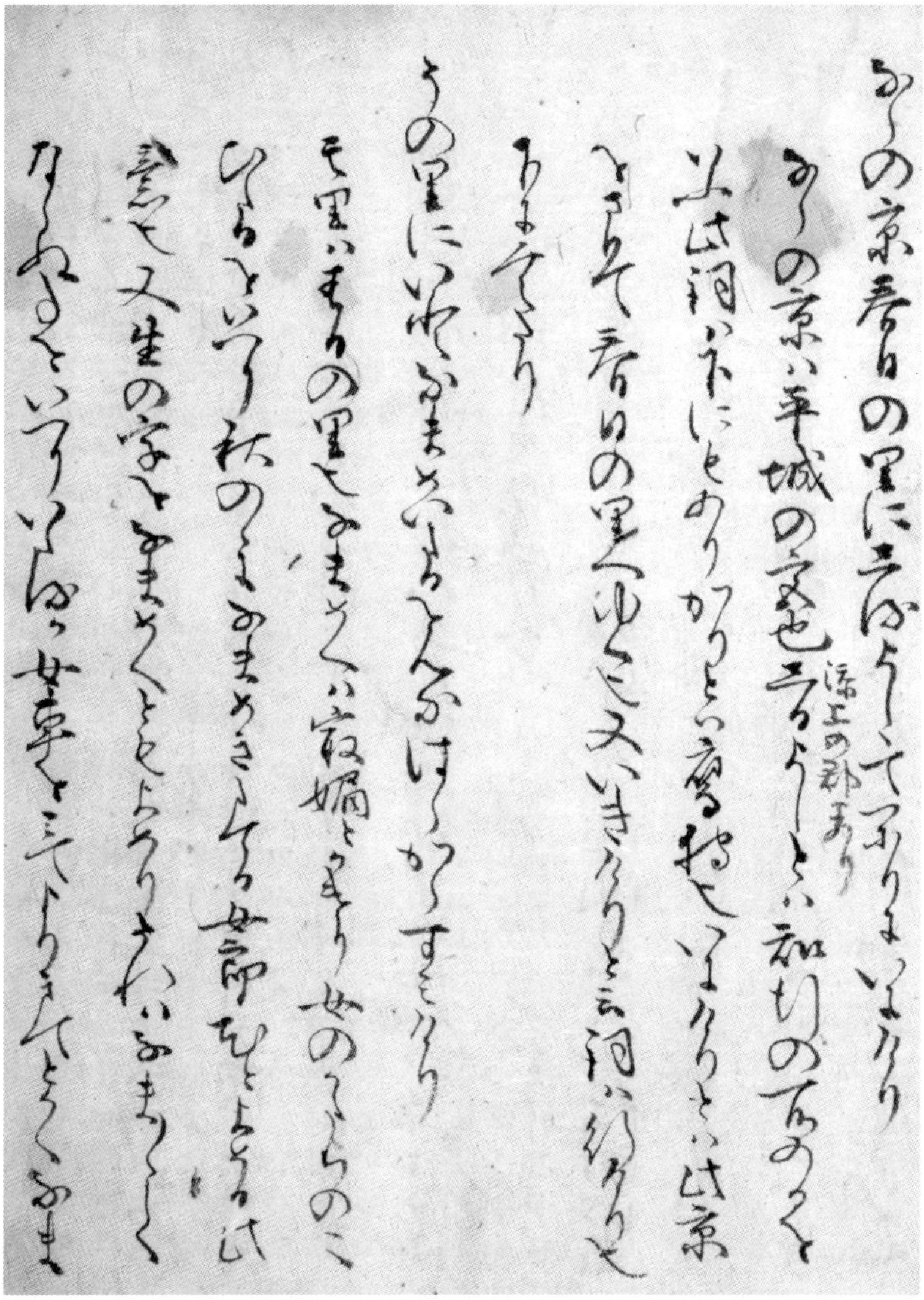

【釈文】

《兼良の短冊》

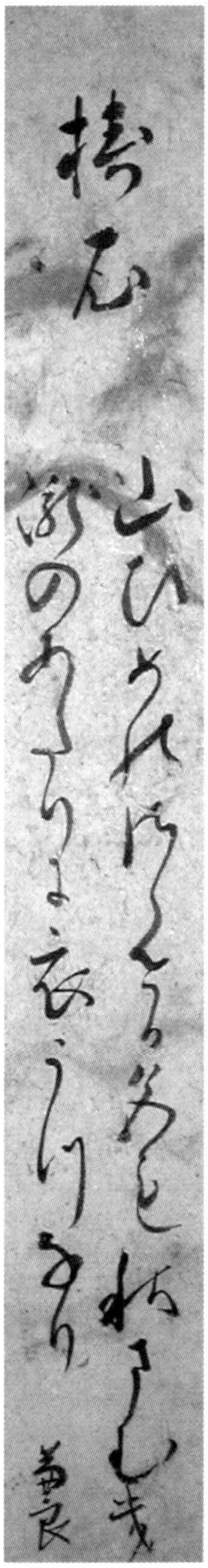

※武井蔵

◇設問2
『伊勢物語愚見抄』と短冊で、筆跡に通ずるところがあるだろうか。探してみよう。

《ヒント》
宮・所・鷹狩・春日・最媚・女
郎花・意

§12・上級編（一条兼良の著作を読む④［梁塵愚案抄］）

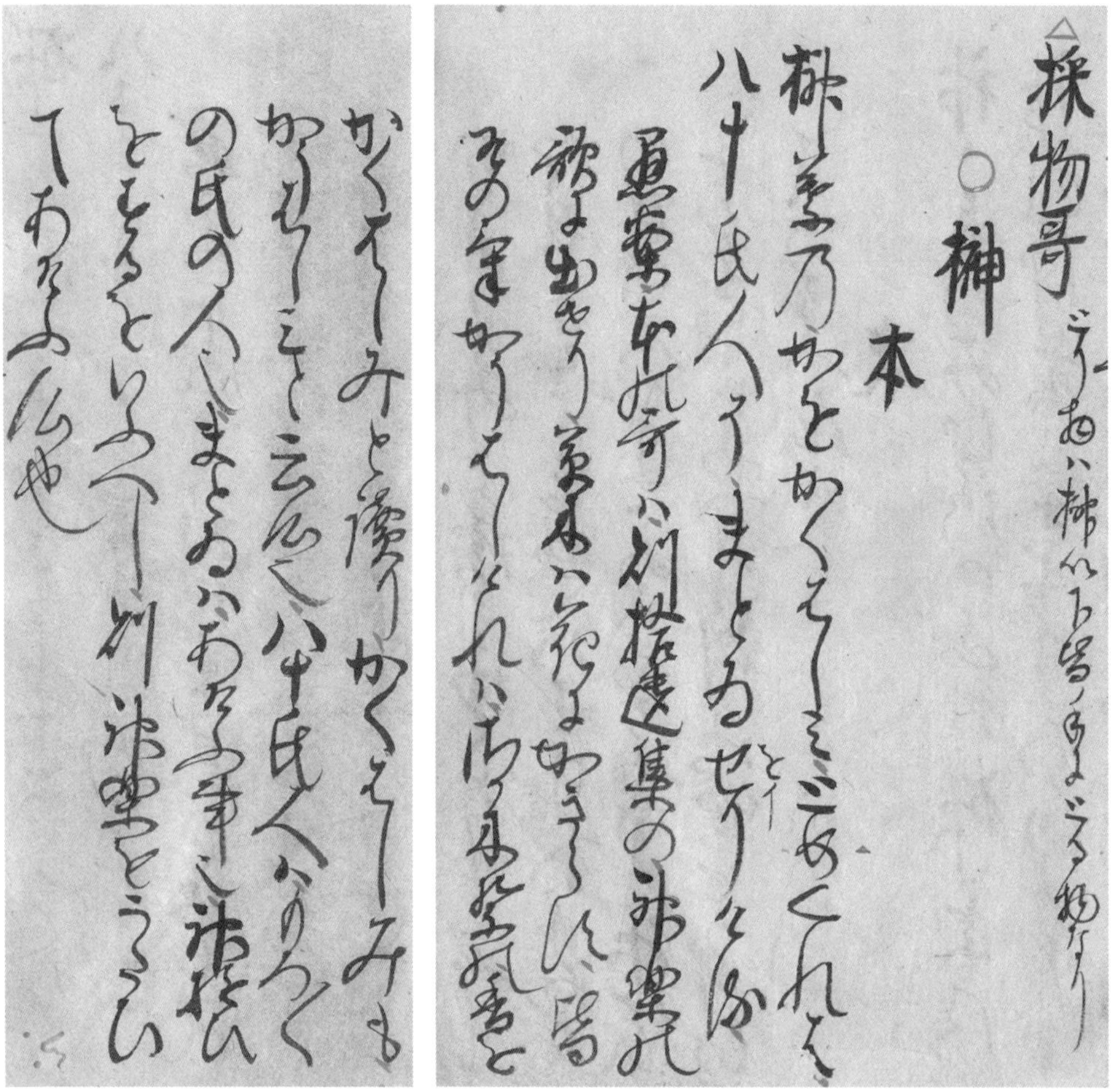

※武井蔵〔江戸初期写〕（斑山文庫〔高野辰之〕旧蔵）

【釈文】

◇設問1
神楽・採物《とりもの》歌に関する注釈である。「採物歌」とは何か、調べてみよう。

《ヒント》則・気・讀

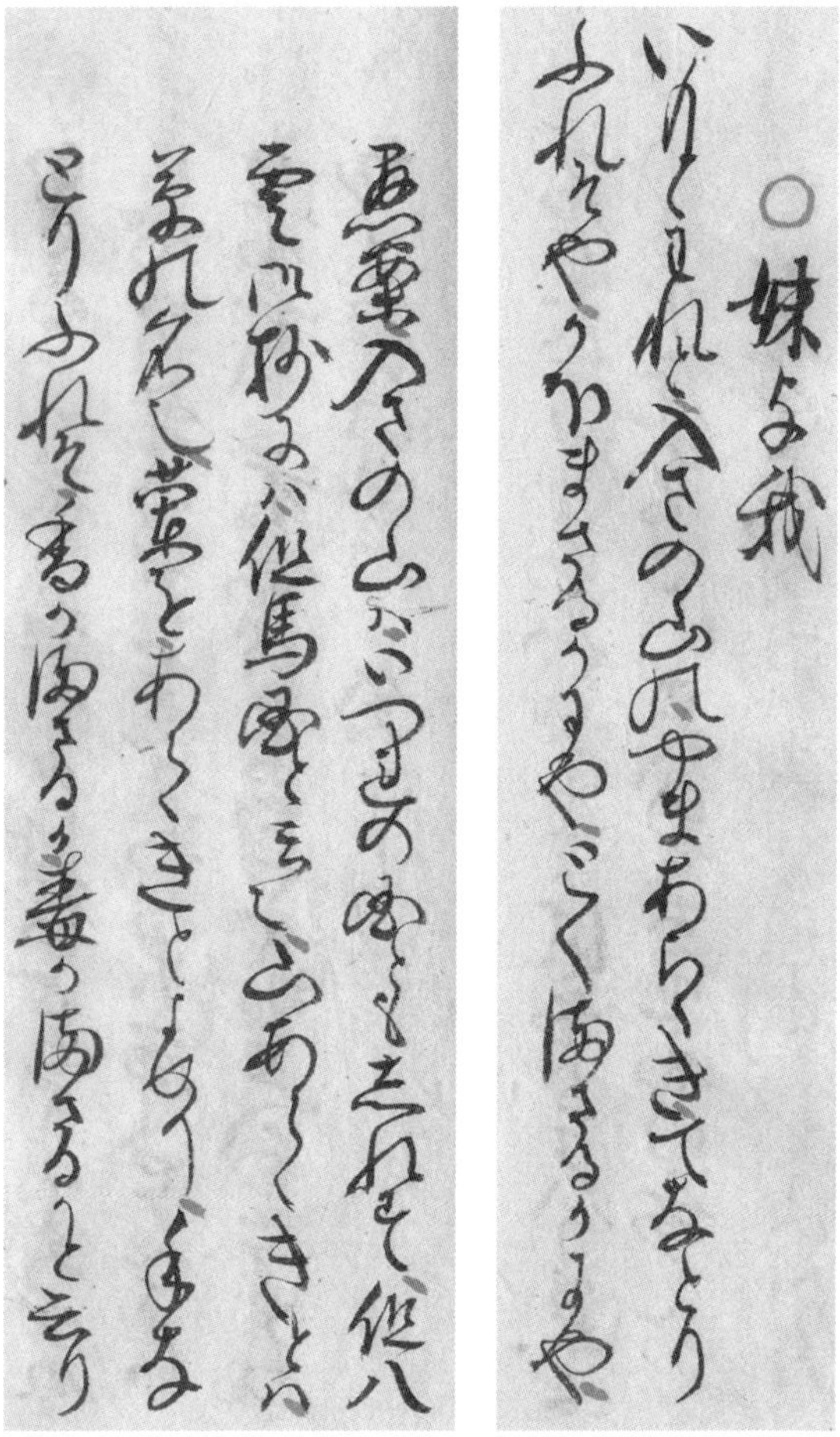

《奥書》

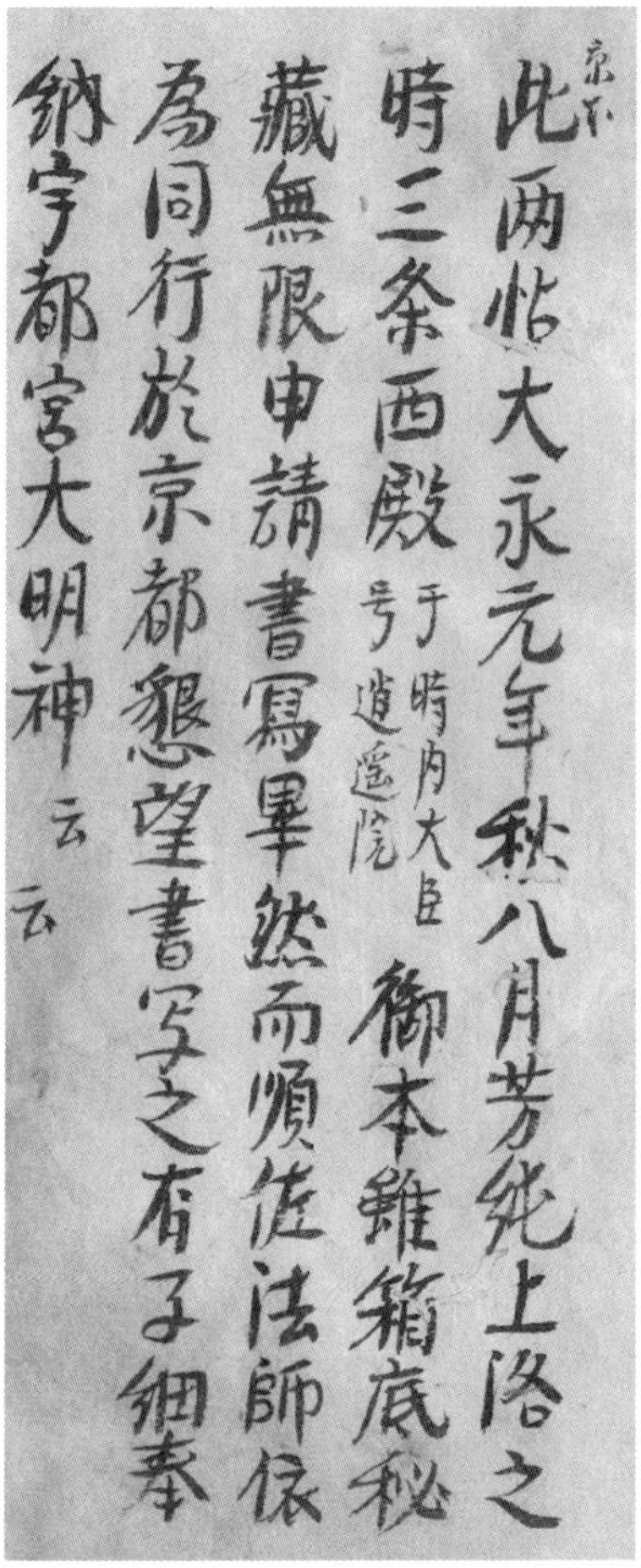
京本
此両帖大永元年秋八月芳純上洛之
時三条西殿 于時内大臣 号逍遥院 御本雖箱底秘
蔵無限申請書写畢然而順佐法師依
為同行於京都懇望書写之有子細奉
納宇都宮大明神云云

【釈文】

《ヒント》国・蘭

《斑山文庫蔵書印》

◇設問2
この奥書に見える「宇都宮大明神」とは何だろうか。調べてみよう。

§13・上級編（一条兼良の著作を読む⑤［女官飾抄］）

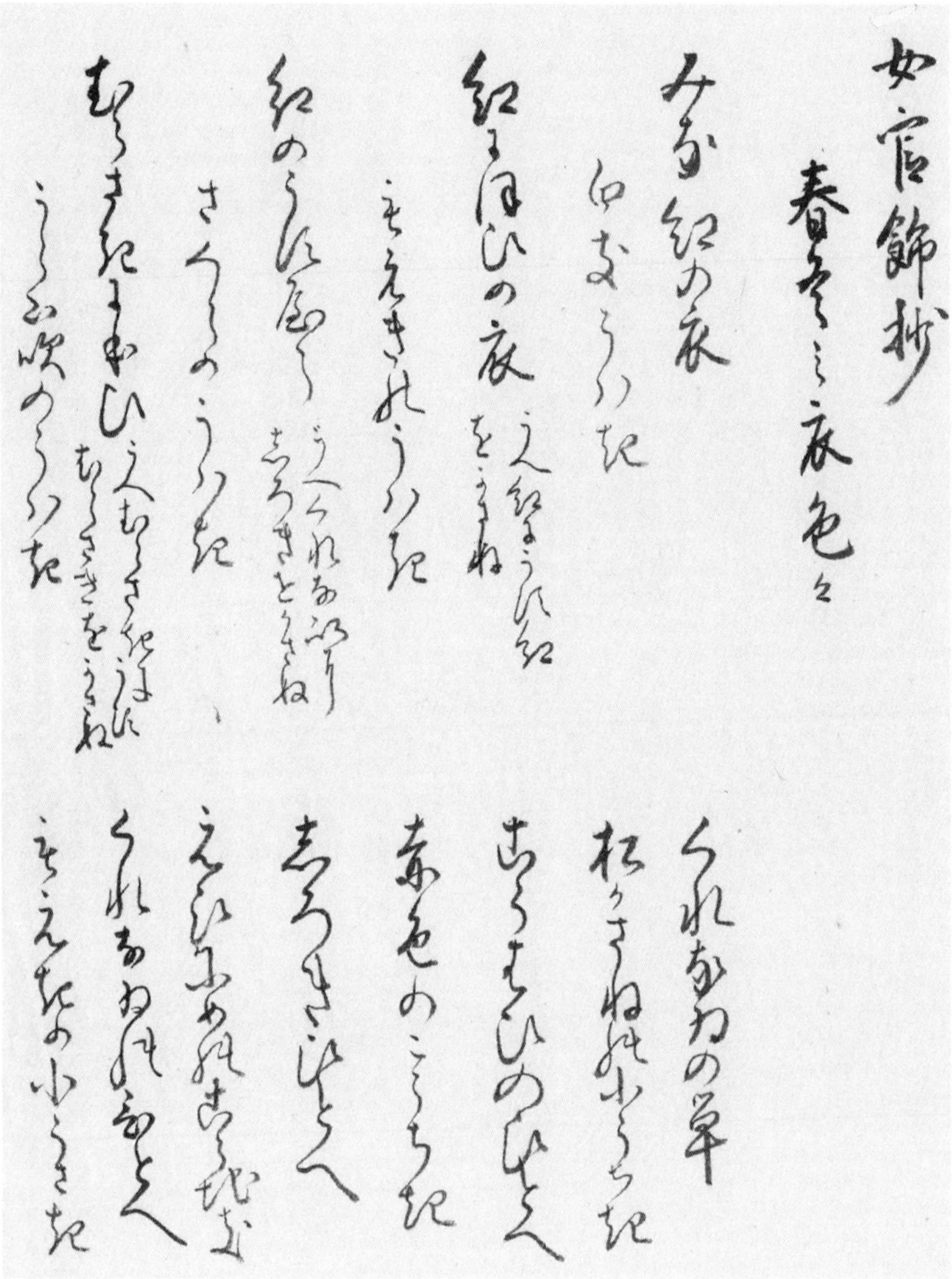

※武井蔵〔弘化二年（一八四五）写〕

◇設問1

この書物は、何のために著されたものか、文中の「かさね」の語から考えてみよう。

※群書解題

【釈文】

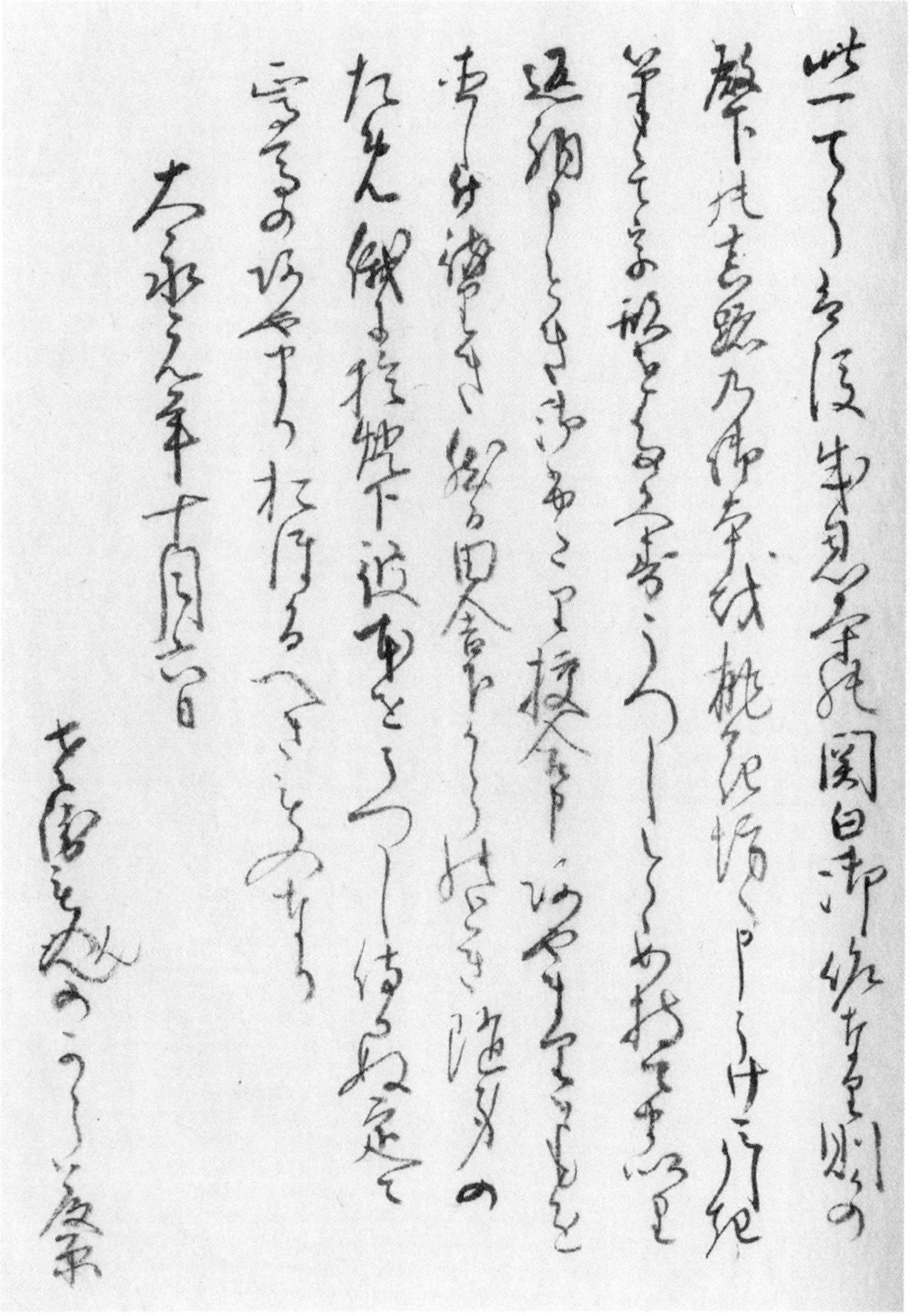

【釈文】

◇設問2

右の図版は、「本《ほん(もと)》奥書」である。この奥書を解釈してみよう。

《ヒント》後成恩寺《※一条兼良の法号》・校合・直・然而・随身・於・燈下・焉馬《えんば》

§14・上級編（古筆切［伝兼良筆後撰集切・伝遠忠筆連歌切］）

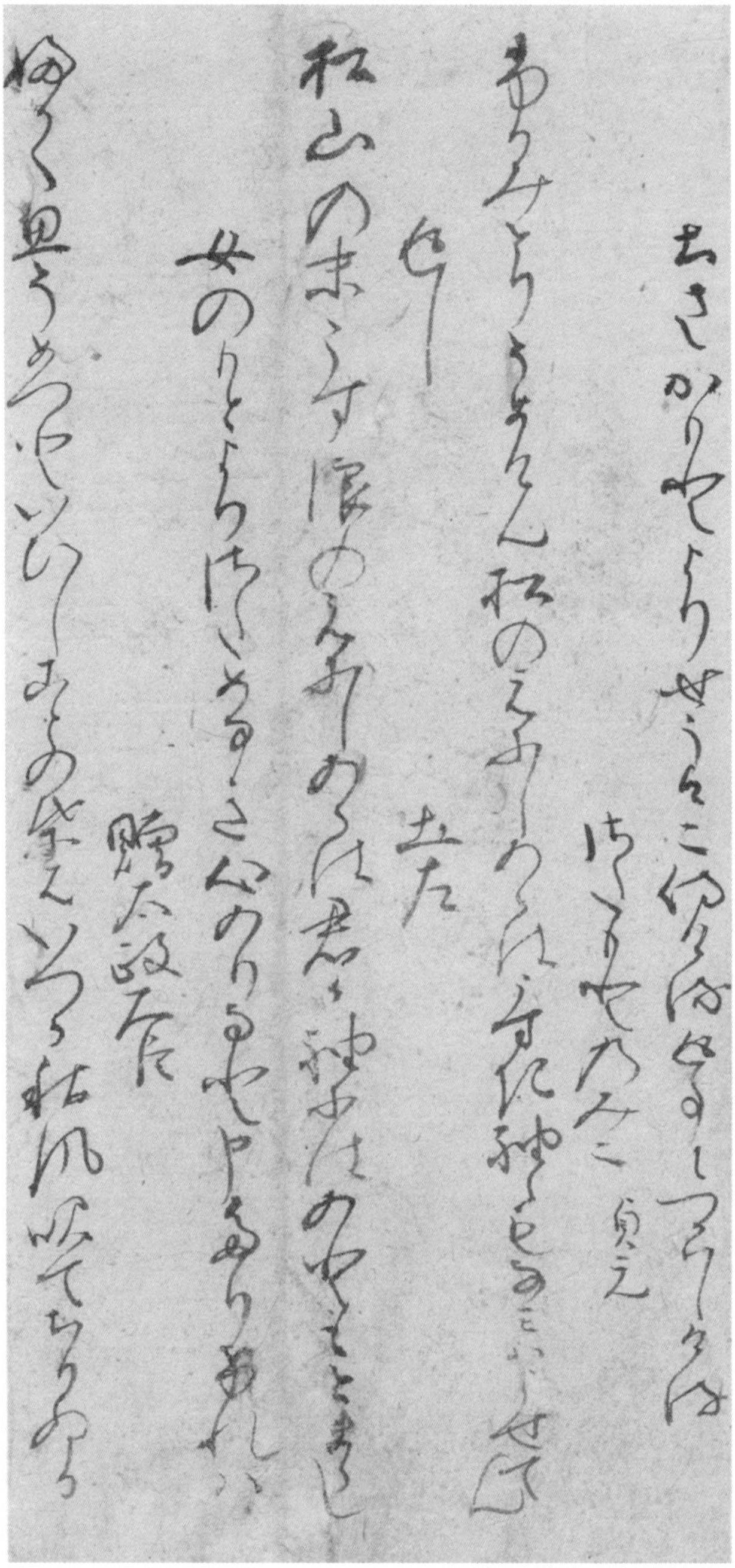

※武井蔵（二点とも）

◇設問1
新編国歌大観で、これらの歌が本当に『後撰集』に採られているか、確認してみよう。

《ヒント》返事・葉

【釈文】

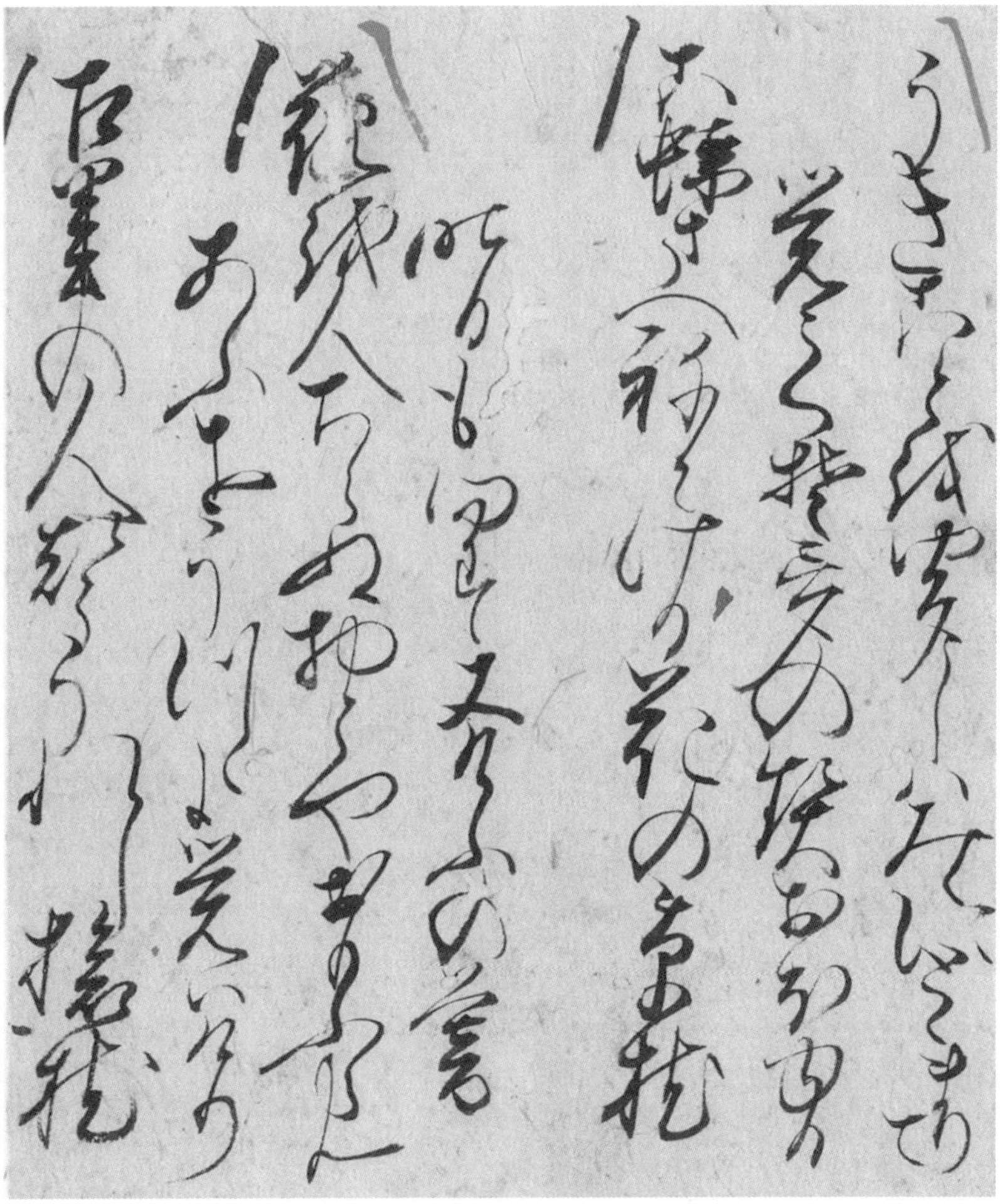

【釈文】

◇設問２

この二つの古筆切が、伝称通り、一条兼良・十市遠忠自筆と認められるかどうか、本書に収められた自筆資料（「伊勢物語愚見抄」「春日社詠三十首和歌」）と比較してみよう。

《発展問題》

遠忠の切の出典を、なんとかつきとめてみよう。

↓国際日本文化研究センター・データベース・連歌データベース・連歌語句索引

http://tois.nichibun.ac.jp/database/html2/renga/renga_kigo_search.html

烏丸亜相口傳　資慶卿

和歌と申すハや稽古なとの事無之と申家
家稽古ハ扨をき浮遊先和哥と詠ものと
稽古有ものと云々可成ほとは要意の事也
事一ツきく中やうに詠するより一つきく
ほうを稽古仕り候ふと無之候ふや有
と申ことさてハ一きやうに詠するより
やうに詠御稽古仕かく候ふ又申し丈稽
古と加へて御稽古の功とる一きハ句中やう
すとん
年二十こ六とも廿より以後の人にもハ稽
古の骨折てうとハ不及申事也たゝ中々
かやうに又ハおひおひ名高くもなり候ふは深
きする所の心味ろの心も向こうもほとあ
きまらぬで心味ろのをも目向こうもほとあ

《ヒント》稽古・候・要意・所・鍛練・相応

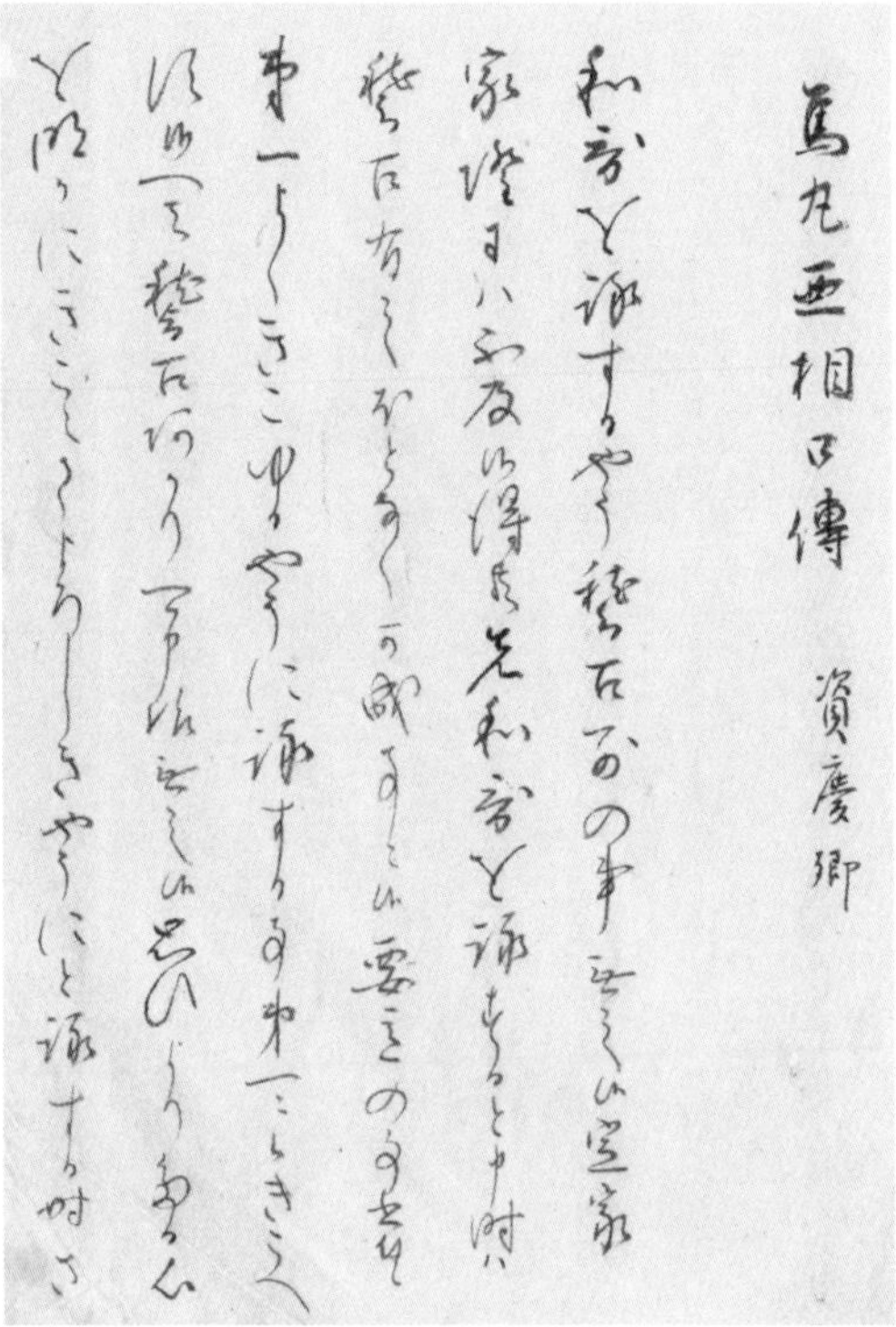

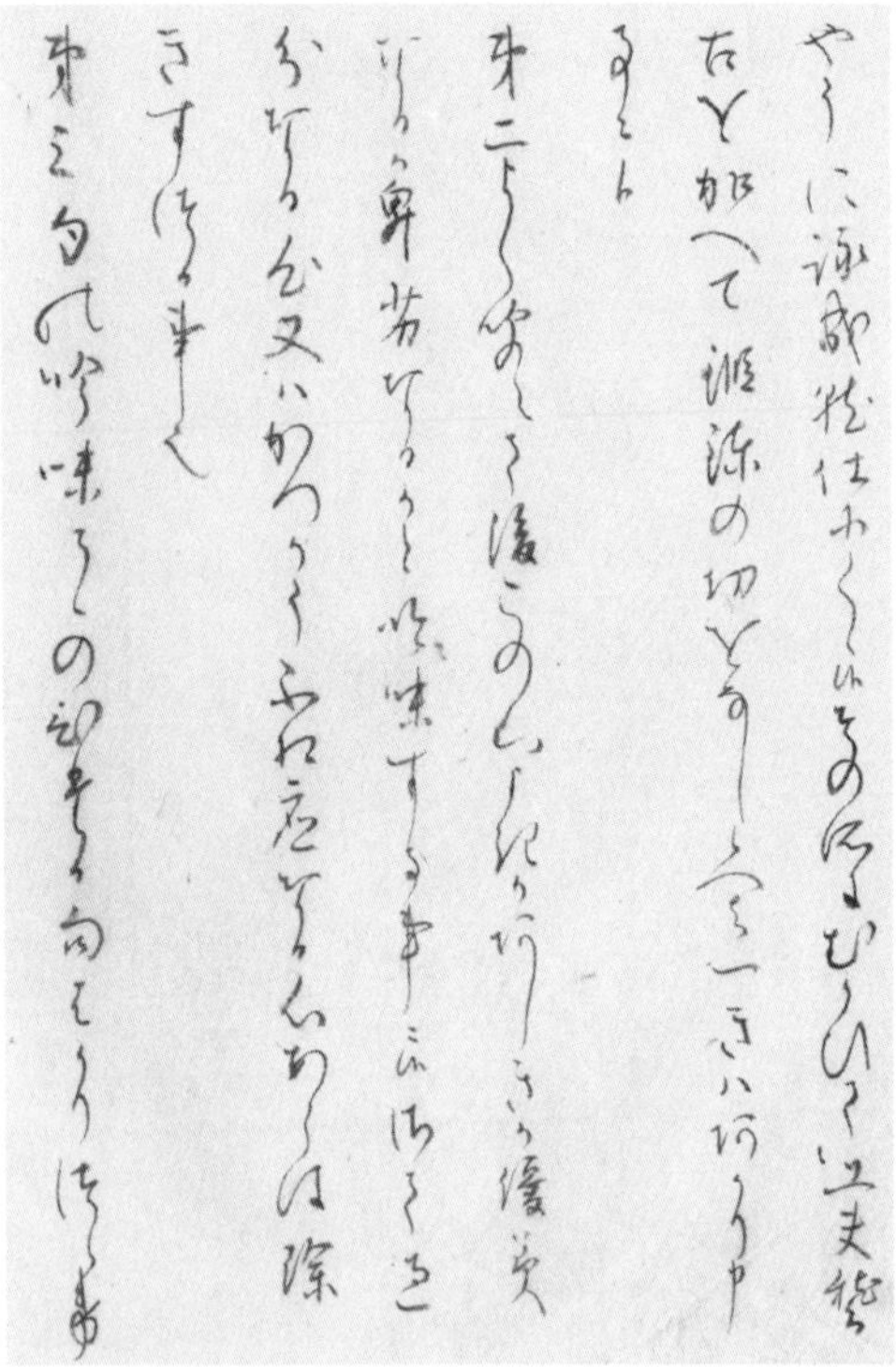

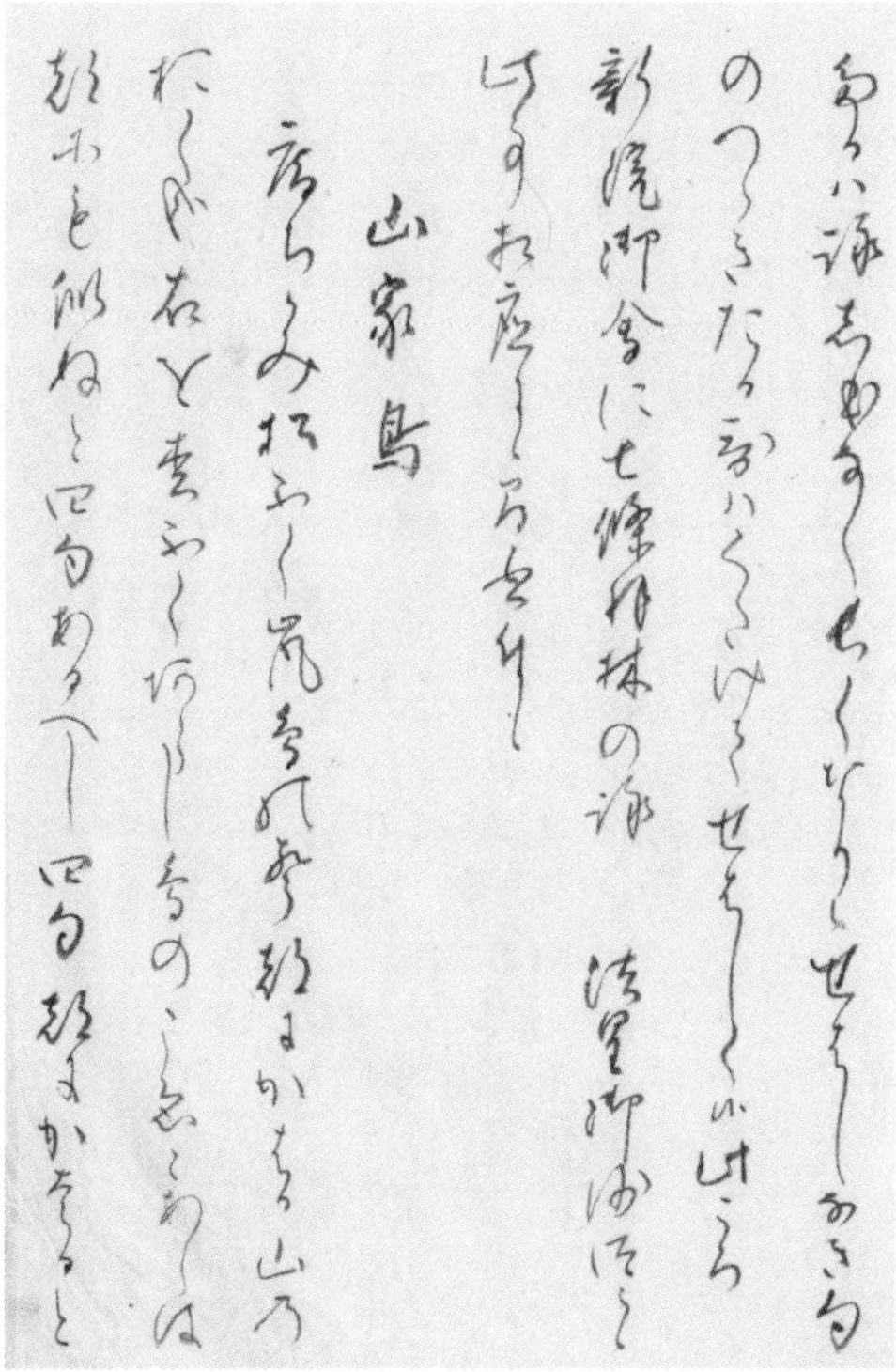

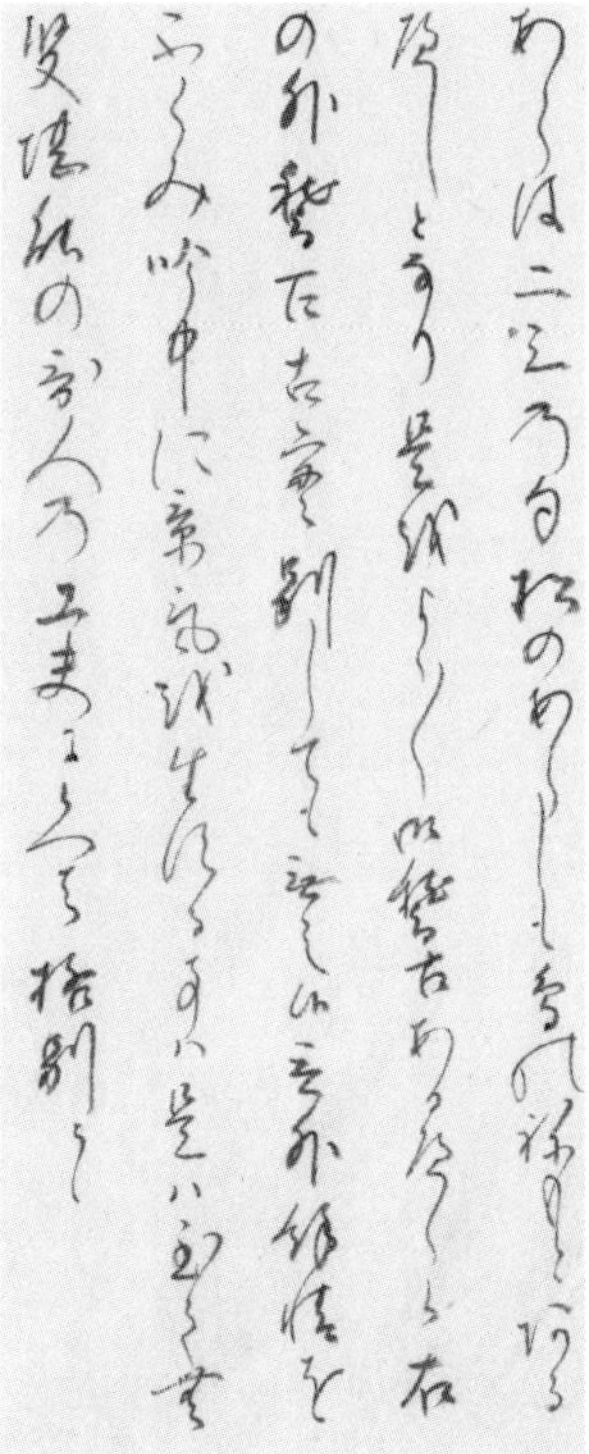

◇設問1

この歌論書と同じ内容を持つ典籍はあるだろうか？　調べてみよう。

※国文学研究資料館・日本古典籍総合目録（オンラインデータベース）

【釈文】

※埼玉大学蔵〔九一一・一：Ka・九〇〇五一一二一九〕

《ヒント》書付・聲・枩（松）・餘情・無雙堪能

●編者紹介

武井和人（たけい・かずと）

昭和 29 年　東京都大田区に生まれる。
昭和 52 年　東京教育大学文学部国語国文学専攻卒業
昭和 57 年　東京都立大学大学院人文科学研究科国文学専攻博士課程単位取得退学
現 在 埼玉大学・大学院・人文社会科学研究科・教授［博士（文学 國學院大學）］
編著書
『一条兼良全歌集 本文と各句索引』（笠間書院、1983）
『十六夜日記・夜の鶴 注釈』（和泉書院、1986）※簗瀬一雄氏と共著
『一条兼良の書誌的研究』（おうふう、1987）
『中世和歌の文献学的研究』（笠間書院、1989）
『新古今集詞書論』（新典社、1993）
『〈古今集古注釈書集成〉耕雲聞書』（共編）（笠間書院、1995）※耕雲聞書研究会編
『〈古今集古注釈書集成〉伝心抄』（共編）（笠間書院、1996）※伝心抄研究会編
『中世古典学の書誌学的研究』（勉誠出版、1999）
『公宴続歌　本文編』（共編）（和泉書院、2000）※公宴続歌研究会編
『一条兼良の書誌的研究 増訂版』（おうふう、2000）
『〈古今集古注釈書集成〉鈷訓和謌集聞書』（共編）（笠間書院、2008）※鈷訓和謌集聞書研究会編
『中世古典籍学序説』（和泉書院、2009）
『一条兼良自筆　伊勢物語愚見抄 影印・翻刻・研究』（笠間書院、2011）※木下美佳氏と共編
『〈古今集古注釈書集成〉一条兼良自筆古今集童蒙抄［影印付］・校本古今三鳥剪紙伝授』（笠間書院、2013）※西野強氏と共編
『中世古典籍之研究－どこまで書物の本姿に迫れるか－』（新典社、2015）

日本古典くずし字読解演習

2010（平成 22）年 2 月 25 日　初版第 1 刷発行
2015（平成 27）年 10 月 31 日　初版第 2 刷発行

発行者　池田圭子

発行所　有限会社 笠間書院

〒 101-0064 東京都千代田区猿楽町 2-2-3
Tel.03-3295-1331 Fax.03-3294-0996

NDC 分類：811.5
©TAKEI 2015　ISBN978-4-305-60308-1

落丁・乱丁本はお取りかえいたします。
出版目録は上記住所までご請求下さい。
http://kasamashoin.jp

オンデマンド印刷
（本文用紙・中性紙使用）